[개정3판]

실무에서 바로 쓰는

부동산 자산관리 영문 용어 사전

민 성 식 지음

법률출판사

Preface

우리나라에 본격적으로 부동산 간접투자 시장이 커지면서 수익형 부동산에 투자하는 부동산 펀드나 부동산투자회사들이 많아졌습니다. 특히 이런 회사들의 실제 소유자나 투자자들은 외국계 국부펀드나 해외 부동산 투자회사들도 상당히 많은 편입니다.

제가 2004년 대학을 졸업하면서 부동산 투자 및 자산관리 분야에 입문하여 처음 함께 일을 했던 회사가 외국계 부동산 투자회사였습니다. 당시 전문적인 부동산 자산관리에 대한 개념도 명확하지 않은 상태에서 많은 것들을 새롭게 만들고 준비해 나가는 시기였습니다. 그런 상황에서 국내 부동산 자산에 투자한 외국계 투자자들에게 자산관리에 대한 보고서를 준비해야 했었고 뿐만 아니라 이를 영어로 작성해야 했습니다.

그 당시 기본적인 영어실력만 갖고 있던 제가 자산관리 보고서를 영어로 쓰는 일은 정말 쉽지 않았습니다. 게다가 보고서의 내용을 부동산 전문 용어를 사용하여 작성하는 것은 더욱 어려웠습니다. 답답한 마음에 인터넷을 찾아보기도 하고 영어를 잘하는 동료에게 물어보기도 했지만 그마저도 한계가 있었습니다. 왜냐하면 영어를 잘하는 것과 전문 용어를 적절하게 구사하는 것은 미묘한 차이가 있었습니다.

그 이후 여러 외국계 회사들과 부동산 투자 및 자산관리 업무를 하면서 부동산과 관련된 영문 용어 사전이 있었으면 좋겠다는 생각을 했습니다. 서점에 나가 관련 책들을 찾아보기도 했지만 제가 일하는 부동산 투자나 자산관리 분야를 다루는 책은 찾아보기가 어려웠습니다. 간혹 비슷한 책이 있기는 했지만 대부분 법률적인 측면에서 사용되는 용어이거나 미국 원서에서 사용되는 용어를 그대로 번역하여 사용하는 것들이어서 현업에서 사용하는 데 한계가 있었습니다.

부동산 업계에 계신 많은 분들이 부동산 영어와 관련해서 저와 같은 고민이 있었을 것입니다. 그리고 앞으로 부동산 업계로 취업을 준비하는 많은 분들도 부동산 영어에 대한 궁금증이 있을 것이라고 생각했습니다. 그래서 그동안 현업에서 일을 하면서 조금씩 공부했던 내용을 정리해서 이 책을 집필하게 되었습니다.

오피스 빌딩을 중심으로 건축물이 완공되어 발주처에 인수되는 단계를 시작으로 부동산 자산을 운영하고 관리 해나가는 순서에 따라 간략한 업무 소개와 이에 필요한 내용으로 부동산 용어들을 정리했습니다. 부동산 자산관리를 하면서 꼭 필요한 영어 단어들을 위주로 현업에서 바로 쓸 수 있는 예문도 포함되어 있습니다. 업무 순서에 따라 쓰였기 때문에 차근차근 순서대로 읽어나가시는 것도 좋습니다. 그렇지만 순서에 상관없이 목차를 보고 궁금한 파트부터 읽어가면서 공부를 하셔도 괜찮습니다. 또, 궁금하거나 원하는 단어를 쉽게 찾을 수 있도록 책 뒤편에 국문과 영문 색인을 첨부하였습니다.

실제로 현업에서 일을 하다 보면 영어를 잘하는 것도 중요하지만 그 업계에서 사용하는 전문 용어를 알고 있을 때 본인의 능력이 더 빛을 발할 수 있습니다. 부동산 업계에서 사용하는 영문 용어들을 적절하게 구사하고 이해를 한다면 업무에 혼선을 줄이고 전문가로서 인정을 받으면서 일을 할 수 있습니다.

　이 책은 부동산 투자 및 자산관리 분야로 취업을 준비하는 학생들, 외국계 부동산 투자회사에서 일을 하고 있거나 외국계 회사를 고객으로 하는 분들에게 유용한 책이 될 것입니다. 영어라는 장벽에 부동산 전문용어까지 익힌다는 것이 쉽지 않을 수도 있습니다. 다만 분명한 사실은 부동산 전문가로 성장하는데 꼭 필요한 것 중 하나가 부동산 영어라는 것입니다. 영어 실력이 단기간에 향상될 수 있다는 말에 현혹되지 말고 조금씩 자주 부동산 용어를 접할 수 있는 환경을 만들면 누구나 일정 수준에 도달할 수 있습니다. 영어를 공부하려 하지 말고 습관을 들이고 익숙하게 한다는 편안한 마음을 가졌으면 좋겠습니다. 그동안 부동산 영어 때문에 본인의 능력을 충분히 펼치지 못했거나 외국계 회사로 취업이나 이직을 망설였던 분들에게 용기를 갖게 해줄 책이 되었으면 하는 바람입니다.

2019년 2월
저자 민성식

Contents

Part 1 운영 준비와 임대차계약 준비하기 ································· 17

Chapter 1. 빌딩의 인수 (Building Handover) ······························· 18

  Topic 1 물리적 자산실사 (Physical Due Diligence) ····················· 18

  Topic 2 장비의 시운전 (Pre-commissioning) ··························· 26

  Topic 3 FM 및 PM사의 선정 (Select FM and PM Company) ··········· 31

  Topic 4 시공하자의 처리 (Punch List Management) ···················· 38

Chapter 2. 오피스 빌딩의 신규 임대 (New Lease of Office Building) ········· 43

  Topic 1 임대안내문의 배포 (Distribution of Leasing Flyers) ············· 43

  Topic 2 임대조건의 협의 (Lease Contract Negotiation) ················· 50

  Topic 3 임대차계약 해설 (Lease Agreement Explanation) ··············· 62

  Topic 4 임대마케팅 실무 (Leasing Marketing Practice) ················· 74

  Topic 5 오피스 빌딩 현장 방문 (Office Building Site Visit and Tour) ····· 80

  Topic 6 빌딩의 사용용도 (Usage of Office Building) ···················· 84

  Topic 7 임대계약 도면의 협의 (Floor Plan Negotiation) ················· 86

Topic 8 인테리어 공사의 협의 (Interior Fit-Out Negotiation) ················91

Chapter 3. 오피스 빌딩의 임대 관리 (Office Building Lease Management) ··············97

Topic 1 임차인의 관리 (Tenant Management) ·····················97

Topic 2 근저당권 등 각종 권리 설정 (Keun-mortgage and Leasehold Rights) ········101

Topic 3 연체의 통지 및 대금 회수 (Delinquency Notice and Collection) ················105

Topic 4 임대료 및 관리비의 조정 (Adjustment of Rent and Maintenance Fee) ········109

Topic 5 제소전화해와 명도소송 (Pre-trial Settlement and Eviction Suit) ···············112

Topic 6 원상복구의 협의 (Negotiation for Restoration of the Premises) ···············115

Part 2 오피스 자산관리 기초 지식 쌓기 ···117

Chapter 1. 각종 운영 규정 및 보고서의 작성 (Operation Manuals and Reporting) ·········118

Topic 1 월간운영보고서 (Monthly Operation Report) ·································118

Topic 2 사고보고서 (Incident Report) ···123

Chapter 2. 자산관리 일반 (Introduction to Property Management) ·····················125

Topic 1 보험 증서의 요청 (Request for Insurance Certificate) ·····················125

Topic 2 친환경빌딩 인증 (Green Building Program) ·································128

Topic 3 오피스 빌딩의 부가 서비스 (Additional Service for Office Building) ·········132

Topic 4 각종 유지보수 계약 및 법정검사 (Maintenance Contracts and Mandatory

Inspections) ··134

Part 3 운영 파트별 세부 업무 ··143

Chapter 1. 건축팀 (Architectural Team) ································144

Topic 1 공용 구역 및 구조의 명칭 (Common Area and Names of Structures) ·········144

Topic 2 도장 및 미장작업 (Painting and Plastering Work) ·····················150

Topic 3 석재의 유지 및 보수 (Stone Maintenance and Repair Work) ···················153

Topic 4 출입문 및 문의 유지 보수 (Entrance Door and Door Maintenance) ·············156

Chapter 2. 설비팀 (Mechanical Team) ································159

Topic 1 공조방식의 설명 (Explanation for Air Conditioning) ·····················159

Topic 2 냉온수기 세관 (Boiler and Chiller Tube Cleaning) ·····················167

Topic 3 물탱크 청소와 수질 검사 (Water Tank Cleaning and Water Quality Test) ·····170

Topic 4 냉방 및 냉각탑의 관리 (Air Conditioning and Cooling Tower Maintenance) ··172

Topic 5 난방 및 보일러의 관리 (Heating and Boiler Maintenance) ·····················175

Topic 6 공기질 측정 (Air Quality Test) ································177

Topic 7 빙축열시스템 (Ice Thermal Storage System) ·····················181

Topic 8 우수의 재활용 (Stormwater Harvesting) ·················183

Topic 9 정화조 청소 (Septic Tank Cleaning) ·················185

Chapter 3. 전기팀 (Electrical Team) ·················187

Topic 1 전기 관련 용어 (Electrical Terms and Definitions) ·················187

Topic 2 여름철 전기 사용량의 관리 (Summer Season Energy Management) ·········194

Topic 3 비상발전기 등 보완설비 (Emergency Generator and Backup Equipment) ···198

Topic 4 엘리베이터의 관리 (Elevator Management) ·················200

Topic 5 통신 및 자동제어 (Communication and Building Automation System) ·········210

Chapter 4. 방재팀 (Fire & Life Safety Team) ·················212

Topic 1 소방시설물의 명칭 (Fire Equipment Name) ·················212

Topic 2 소방시설물의 점검 및 법정 소방 점검 (Inspection of Fire Equipment and

Mandatory Fire Equipment Inspection) ·················219

Topic 3 샌드위치가압 방식 (Sandwich Pressurization System) ·················224

Topic 4 소방훈련 (Fire Drill) ·················228

Chapter 5. 보안 및 안내팀 (Security and Reception Team) ·······················**234**

Topic 1 출입시스템의 관리 (Management of Security System) ·······················234

Topic 2 데모 및 거동 수상자 대응 (Demonstration and Suspicious People Control) · 237

Topic 3 근무 및 순찰 (Shift and Patrol) ···239

Topic 4 방문객수와 유형 파악 (Number of Visitors and Types of Visitors) ············242

Topic 5 주변 시설 및 건물 정보 (Surrounding Amenities and Building Information) ···244

Chapter 6. 미화팀 (Cleaning Team) ···**246**

Topic 1 청소 범위의 안내 (Explanation of Cleaning Service Area) ·······················246

Topic 2 궂은 날씨의 미화 관리 (Contingency Cleaning for Bad Weather Condition) 252

Topic 3 화장실의 관리 (Toilet Management) ···254

Chapter 7. 조경 및 주차팀 (Landscaping And Parking Team) ·············256

Topic 1 초화의 식재와 공개공지 (A Flowering Plant And and Public Open Space) · 256

Topic 2 주차제도의 안내 (Parking Regulations) ·············259

Topic 3 주차장 요금체계의 설명 (Parking Rates) ·············266

Part 4 부동산 금융과 법규의 이해 ·············269

Chapter 1. 부동산 금융 및 가치평가 (Real Estate Finance and Valuation) ·············270

Topic 1 부동산의 가치평가 방법 (Real Estate Valuation Method) ·············270

Topic 2 투자제안서의 작성 (Write an Investment Proposal) ·············276

Topic 3 부동산투자금융 기구 (Real Estate Investment Vehicles) ·············280

Topic 4 IRR, NPV, DCF

        (Internal Rate of Return, Net Present Value, Discounted Cash Flow) ·········286

Topic 5 여러 가지 투자구조 (Various Investment Structures) ·············290

Chapter 2. 부동산 회계 및 관련 법규

(Real Estate Accounting and Related Regulations) ················294

Topic 1 임대관리비 세금계산서의 발행 (Send a Tax Invoice) ···················294

Topic 2 발생주의와 현금주의 회계기준 (Accrual and Cash Basis Accounting) ········298

Topic 3 오피스 빌딩 관련 세금 (Tax on Office Buildings) ····················302

Topic 4 건축물대장과 부동산등기부등본 (Building Register and Certificate of Title) ··306

Topic 5 부동산 관련 법규 및 제도 (Real Estate Regulation and Legal System) ········311

찾아보기 ···314

맺음말(Epilogue) ··345

실무에서 바로 쓰는

부동산 자산관리
영문 용어 사전

Part **1**

운영 준비와 임대차계약 준비하기
(Preparation for Operation and Lease Agreement)

Chapter 1. 빌딩의 인수 (Building Handover)

> ## Topic 1 물리적 자산실사 (Physical Due Diligence)

1) Overview

신축하는 오피스의 빌딩 공사가 완료되어 시공사로부터 건축주에게 인도되거나 매매로 인하여 소유권이 바뀌기 이전에 건축물의 전반적인 시설 현황을 검토해야 합니다. 물리적 자산 실사를 통해 빌딩의 시공 상 문제나 하자가 없는지 살펴보면서, 건물 인수 후 운영이나 수선 계획을 수립하는 데 중요한 정보를 얻게 됩니다.

2) Keywords & Related Phrases with Example Sentences

Handover [hændoʊvər] 양도, 인계

The **handover** of the office building to the owner takes place once the builder has confirmed that the work defined in the contract is complete.

계약서에 명시된 업무들이 완료되었음을 시공사가 확인하면 소유주에게 오피스 빌딩이 인계된다.

Structure [strʌktʃər] 구조, 구성

The science of building earthquake-resistant **structures** has developed tremendously in recent years.

내진 설계 구조의 빌딩 과학은 최근에 급격히 발전하였다.

Crack [kræk] 균열, 벌어진 틈, 깨진 틈

Weather, low quality materials, incorrect construction methods and foundation movements can create **cracks** in walls, floors and ceilings of a building.

계절, 불량 재료, 잘못된 시공법과 기초의 움직임은 빌딩의 벽, 바닥 그리고 천정에 균열을 발생시킬 수 있다.

Defect [díːfekt, difékt] 하자, 결점, 부족, 결여

The **defect** of a building is defined as a material, component, or finish that does not meet its expected quaility standard.

빌딩의 하자는 자재, 요소 혹은 마감이 기대 품질 수준에 미치지 못하는 것으로 정의된다.

Repair [ripέər] 보수, 수리, 수선

Equipment replacement and **repair** must be performed before an emergency situation.

장비교체와 보수는 비상 상황 전에 진행해야 한다.

Renovation [renəvéiʃən] 보수공사

Renovations are commonly done to give a building a face-lift (a new look) to make it more visually attractive.

보수공사는 보통 건물에 새로운 모습을 통해 외형적으로 더 매력적으로 보이기 위해 진행된다.

Retrofit [retroufit] 중요시설물의 개보수, 구형 장치의 개조

It is recommended that **retrofitting** checklists be prepared so contractors can achieve the desired energy efficiency and green building practices.

중요 시설물의 개보수 체크리스트를 준비하는 것을 권장한다. 그래야 시공사가 원하는 에너지 효율과 친환경빌딩의 목적을 달성할 수 있다.

Replacement [ripléismənt] 교체

The project includes the upgrading and **replacement** of equipment for heating and cooling of the building.

프로젝트는 빌딩의 난방과 냉방을 위한 장비를 업그레이드와 교체를 포함한다.

CAPEX 자본적지출 (Capital Expenditure)

A **capital expenditure (CAPEX)** is an expenditure that adds value to the property and equipment of a building.

자본적 지출은 빌딩 자산과 장비에 가치를 증대시키는 데 사용되는 비용이다.

Roof [ru:f] 지붕

An example of **roof** repair and preservation is waterproofing the concrete roof with waterproof coating.

지붕 보수와 보전의 예는 콘크리트 지붕을 방수 코팅으로 방수하는 것이다.

Obsolescence [ὰbsəlésns] 노후화, 구식화

Obsolescence is a condition where the object or service is not longer wanted even though it may still be in good working order. The value of machinery and buildings will likely be affected by the determined obsolescence.

노후화는 물체나 서비스가 작동은 제대로 되고 있지만 더 이상 원하지 않는 상태가 되는 것이다. 기계나 건물의 가치는 노후화에 대한 결정에 따라 영향을 받을 것이다.

Low-rise 저층, 저층부 (보통 7층 까지)

In the market, **low-rise** buildings are defined as structures with an architectural height under 35 meters and usually consists of only a few floors.

부동산 시장에서는, 저층 빌딩은 건축 높이가 35미터 이하인 것으로 분류하고 보통 많지 않은 층으로 구성되어 있다.

Mid-rise 중층, 중층부 (7~25층 사이)

Tall buildings usually have a transfer floor from low-rise to **mid-rise** zone; Due to the security issues, it is not recommended to share a transfer floor for all the tenants.

고층 빌딩은 보통 저층부에서 고층부로의 환승 층이 있다. 다만, 보안 문제로 인해 모든 임차인들에게 공유하는 것을 권장하지 않는다.

High-rise 고층부 (25층 이상)

Seoul has more **high-rise** buildings under construction than any other city in Korea.

서울은 한국의 어느 도시보다 고층 빌딩이 많이 건설 중이다.

Year-built 공급 연도, 준공 연도

The leasing flyers may include type of building, ownership, **year-built, and vacant area.**

임대안내문은 빌딩 종류, 소유자, 공급 연도 그리고 공실을 포함할 것이다.

Rain Gutters and Downspouts 빗물 홈통

The purpose of **rain gutters and downspouts** is to redirect water run-off away from the building's foundation.

빗물 홈통의 설치 목적은 빌딩 구조부로부터 물의 흐름을 바꾸는 데 있다.

Serious Damage 심각한 파손

The building has sustained **serious damage** from heavy rain and strong winds. The reported damage included collapsed walls and signs.

그 빌딩은 심한 폭풍우 뒤에 심각한 피해를 입었다. 보고된 파손은 벽과 간판의 붕괴였다.

Outdated Facilities 노후화된 시설

The FM managers need to focus on replacing **outdated facilities** such as HVAC systems and elevators.

시설 담당자는 냉난방 시스템과 엘리베이터를 포함한 낡은 장비 교체에 집중해야 한다.

Physical Due Diligence 물리적 자산실사

The various **physical due diligence** report will be required for commercial real estate investment.

상업용 부동산 투자를 위해서 다양한 종류의 물리적 자산실사 보고서가 필요하다.

Warranty Period 하자보증기간

The construction company usually provides a 2~3 year **warranty period** from the building's practical completion date.

보통 시공사는 실제 빌딩 완공일로부터 2~3년간 하자보증기간을 제공한다.

Finishing Materials 마감재

The interior company's selection of **finishing materials** is determined by the landlord's fit-out construction guideline to establish balance and building design.

인테리어회사의 마감재 선택은 빌딩의 균형과 디자인을 위해 소유주로부터 제공되는 공사 가이드 라인에 의해 결정된다.

Preventive Maintenance 예방 점검

The main purpose of **preventive maintenance** is to increase the efficiency and life of equipment and reduce facility breakdown.

예방 점검의 주목적은 장비의 효율과 수명을 늘리고 고장 가능성을 줄이는 것이다.

Building Completion Certificate 준공허가서

A **building completion certificate** must be issued to the landlord upon completion of construction work.

공사가 끝난 직후 준공허가서는 소유주에게 발급해야 한다.

Lot Size 대지 면적, 매입면적

A minimum **lot size** of 15,000 square meters is required in order to construct twin buildings on the same lot in the Kangnam district.

강남지역에 쌍둥이 빌딩을 한 개의 부지에 짓기 위해 그 구역은 최소한 15,000 제곱미터의 대지 면적이 필요하다.

Due Diligence 자산실사

If you are looking for stabilized assets, it is recommended to perform building surveys and **due diligence** of commercial properties.

만약 안정된 자산을 찾고 있다면, 빌딩 조사를 해보고 상업용 부동산의 자산 실사를 해보는 것을 권장한다.

Operational Changes 운영상 변경

One challenge for energy consultants is not having a clear view of the impact resulting from recently implemented **operational changes** of the building.

에너지 컨설턴트가 겪는 도전 중에 하나는 최근 진행된 운영상의 변경으로 인한 파급 효과에 대한 명확한 견해가 없다는 것이다.

Structural Changes 구조적 변경

If you are not making **structural changes,** your permit application will be reviewed and issued by the department.

만약 구조적인 변경이 없다면, 허가 신청서는 해당 부서에서 검토되어 발급될 것이다.

Licensing and Permits 면허와 허가서

Neither landlords nor its tenants may work on a leased site without the required **licensing and permits**.

임대인과 임차인 둘 다 필수적인 면허와 허가서 없이는 임대된 부지 내에서 일을 할 수 없다.

Occupancy Permit 사용승인

The **occupancy permit** is issued after the fire department performs the fire inspection.

사용승인은 소방부서에서 화재 점검 이후에 발급된다.

Topic 2 장비의 시운전 (Pre-commissioning)

1) Overview

시공사는 건물의 공사가 완료되면 이를 발주처에 인도를 하게 됩니다. 건물 인수인계를 할 때에는 건축물에 설치된 각종 기계 장비나 시설에 대한 테스트를 하면서 정상적으로 잘 작동이 되는지 확인하는 절차를 거치게 됩니다. 인수 받는 쪽에서는 장비 작동 시 하자가 없는지 여부와 건물 운영과 유지관리를 위한 작동법과 관리법 등을 함께 인수인계 받아야 합니다.

2) Keywords & Related Phrases with Example Sentences

Pre-commissioning 시운전

Pre-commissioning of buildings and property management services is important to the safe and energy efficient operation of buildings.

빌딩의 시운전과 자산관리 서비스는 빌딩의 안전하고 효율적인 운영에 있어 중요하다.

Pre-construction 시공전

The construction company provides **pre-construction** planning to optimize the construction process and deliver efficient construction services to achieve the project's goals.

시공사는 프로젝트의 시공 과정을 최적화 시킬 수 있는 시공 전 계획과 프로젝트의 목표를 달성할 수 있는 효율적인 공사 서비스를 제공합니다.

Specification [spèsəfikéiʃən] 사양서, 설계 명세서, 시방서

The attached **specification** is intended to be a guide for equipment operation.

첨부된 설명서는 장비의 운영을 위한 안내 문서입니다.

Refrigerant [rifrídʒərənt] 냉각제, 냉매 (암모니아, 프레온가스 등)

Generally in HVAC systems, chiller units use **refrigerants** to produce chilled water that is piped to air handling units.

일반적으로 냉난방 시스템에서 냉동기는 공조기 파이프로 보내는 냉수를 만들기를 위해 냉매를 사용합니다.

Lubricants [lú:brikənt] 윤활유

Providing optimum levels of cooling and **lubrication** to the equipment can increase the life span of major facility in building.

장비에 적절한 수준의 냉방과 윤활유를 공급하는 것은 빌딩 내 주요 장비의 수명을 늘릴 수 있다.

Temporary Gauging Devices 임시측정기구

Contractors shall provide the **temporary gauging devices** required during checkout and operation of equipment and systems.

시공 계약자는 장비와 시스템의 점검과 운영을 하는 동안 필요한 임시측정기구를 제공할 것이다.

Construction Phase 시공단계

The **construction phase** is the most dynamic stage in the life cycle of the building.

시공단계는 빌딩의 생애주기에 있어서 가장 역동적인 단계이다.

Delivered [dilívərd] 공급된 (빌딩)

It is not easy to add new floors to a completed and **delivered** building.

완공되거나 이미 공급된 빌딩에 새로운 층을 추가하는 것은 쉽지 않다.

Certificate of Occupancy 사용승인서

A **certificate of occupancy** is the important document used to certify the legal use and occupancy of a building.

사용승인서는 빌딩의 법적 사용과 점유를 확인하는데 사용되는 중요한 문서이다.

Completion [kəmplíːʃən] 건물의 준공

The building was originally planned for **completion** by January, 1 2017 but poor weather delayed the completion date by several months.

그 빌딩은 원래 2017년 1월 1일이 준공 계획이었으나 나쁜 날씨로 인해 준공이 몇 개월 연기되었다.

Post-construction 시공 후

The main objective of the **post-construction** stage is to maintain the building facilities' performance throughout the life cycle of the asset.

건물 시공 후 단계의 주요 목표는 자산의 생애주기 동안 빌딩 장비들의 성능을 유지하는데 있다.

Functional Testing 기능 테스트

Most systems in the buildings will reveal some unexpected breakdown in the course of **functional testing**.

빌딩 대부분의 시스템들은 기능 테스트를 하는 동안에 예상치 못한 고장이 발생할 것이다.

Commissioning Plan 인도계획

It is important to complete the **commissioning plan** at the beginning of the construction phase.

공사 시작 단계에 건물의 인도 계획을 세우는 것은 매우 중요하다.

Optimal Function 최적 기능

The layout of the building is designed for **optimal function**, which is focused on the ease of use for the tenants and operation staff.

건물의 배치는 입주사와 운영진들의 사용상의 편리함에 중점을 둔 최적 기능을 위해 설계 되었다.

Malfunction or Error 오작동 및 에러

An alarm can be generated in response to a detected **malfunction or error** from the BMS system.

건물자동제어 시스템에서 감지된 오작동 및 에러에 의해 알람이 발생할 수 있다.

Maximum Operating Efficiency 최대운영효율

A building's HVAC facilities are designed for **maximum operating efficiency**.

빌딩의 냉난방설비는 최대운영효율을 위해 설계되었다.

Mechanical Failure 기계오작동

One of the main roles of FM engineers is to reduce the risk of breakdowns and **mechanical failure** of facilities.

시설 담당자의 중요한 역할 중에 하나는 장비의 고장 위험과 기계 오작동을 감소시키는 것이다.

Change Order 설계 변경

Change orders must be processed in a timely manner.

설계 변경은 적시에 진행되어야 한다.

1) Overview

오피스 빌딩에 투자하는 부동산 펀드나 리츠는 부동산 자산에 투자하는 간접
투자상품을 만들게 됩니다. 이 경우 실제 빌딩의 운영 업무를 PM(Property
Management)회사에 위탁을 합니다. 업무를 위탁받은 PM사는 오피스 빌딩의
각 직종에 근무할 인력을 관리하는 FM(Facility Management)회사와 계약을
체결하고 빌딩을 운영해 나갑니다. PM사와 FM사를 선정할 때는 그 회사 트랙
레코드도 중요하지만 실제로 파견되어 운영하는 Site Manager의 경험과 능력
도 매우 중요합니다. 그리고 FM 회사들의 경우에는 직원들의 이직이 많은 편
이기 때문에 인력 관리와 교육을 잘하는 회사를 선택하는 것이 좋습니다.

2) Keywords & Related Phrases with Example Sentences

Award [əwɔ́ːrd] 선정, 선정하다

Prior to the determination of the **award**, vendors shall submit proposals
according to the guideline.
업체 선정을 하기 전에 공급자들은 기준에 따라 제안서를 제출할 것입니다.

Offer Recommendations on Repairs 수리의 권고

A property manager should **offer recommendations on repairs** and
improvements that maximize a building's rent and provide a high ROI.
자산관리자는 임대료를 극대화하고 높은 투자수익율 낼 수 있도록 수리와 개선
에 대한 의견을 제공해야 한다.

Recently Rented Comparables 최근 임대사례

Recently rented comparables (properties of similar size and type) should be included in the research data of the current building.

현재 빌딩에 대한 조사 자료는 (크기와 종류가 비슷한) 최근 임대 사례에 대한 정보를 포함해야 한다.

Tenant Screening and Selection 입주사 선정

The value of the office building depends on the **tenant screening and selection** criteria.

오피스 빌딩의 가치는 입주사 선정 기준에 달려있다.

Realtors and Leasing Agents 부동산중개인

It is important to work with **realtors and leasing agents** to find a qualified tenant for the building.

빌딩의 적합한 임차인을 찾기 위해서는 부동산 중개인과 함께 일하는 것이 중요하다.

Background Check 사전조사

Property managers should conduct a full tenant screening and **background check** before finalizing the contract.

자산관리자는 계약 체결을 하기 전에 철저하게 입주사를 선정하고 사전조사를 완료해야 한다.

Tenant move-in 임차인 입주

Defining proper **tenant move-in procedures** will help streamline the move-in process and minimize any complaints that will occur during tenancy.

적절한 임차인 입주 절차는 입주 절차를 합리적으로 만들고 입주하는 동안 발생할 수 있는 불만을 최소화시켜 준다.

Pre-defined Tenant Criteria 입주사 선정기준

Property managers should prepare a tenant pool according to **pre-defined tenant criteria** when setting up a building leasing strategy.

빌딩의 임대 전략을 세울 때 자산관리자는 입주사 선정 기준에 따라 임차인 정보를 준비를 해야한다.

Move-in Inspection 입주시 현장 점검

The landlord and tenant will do a **move-in inspection** together, then sign a condition of premises checklist.

임대인과 임차인은 함께 입주 시 현장 점검을 진행할 것이다. 그리고 나서 부동산 상태 체크리스트에 서명을 할 것이다.

Hunting Down Late Payments 연체료 회수

Sometimes there are difficulties collecting rent from tenants with low credit and you may find yourself **hunting down late payments**.

신용도가 낮은 임차인으로부터 임대료를 받거나 연체료 회수하는 것은 어렵고 연체 대금을 독촉하고 있을 것이다.

Eviction [ivíkʃən] 퇴거

One of the difficult task for property managers is the handling of tenant **evictions**.

자산관리자에게 어려울 일중의 하나는 임차인 퇴거를 다루는 것이다.

Unlawful Detainer Action 불법점유고소장

An **unlawful detainer action** is required to evict a tenant from an office building.

오피스 빌딩에서 임차인을 퇴거시키기 위해서는 불법점유고소장이 필요하다.

Contract Management 계약 관리

A property manager's activities include the leasing and **contract management** of offices.

자산관리자의 활동은 임대와 사무실의 계약관리를 포함한다.

Accounting and Financial Reporting 회계 및 재무 보고서

Every business must have an **accounting and financial reporting** system for recording financial data.

재무 자료의 기록을 위해 모든 비즈니스는 회계 및 재무 보고 시스템을 가지고 있어야 한다.

Tenant Retention Program 입주사 유지 프로그램

A **tenant retention program** is an effort by a building property management team to reduce tenant turnover.

입주사 유지 프로그램은 빌딩 자산관리팀이 임차인의 변동을 줄이려는 노력이다.

Property Inspection 자산점검

The purpose of a **property inspection** is to determine the condition of a property before commissioning.

자산점검의 목적은 건물 인도전에 자산의 상태를 알기 위해 하는 것이다.

Proven Track Record 검증된 경험을 가진

Experience in real estate management and a **proven track record** of office building property management are critical qualities of an ideal property manager.

이상적인 자산관리자의 중요한 자질은 부동산 분야의 경험과 빌딩 자산관리에 대한 검증된 경험을 가지고 있는 것이다.

Owner's Goals and Objectives 소유주의 목표와 목적

Both property managers and facilities managers should understand an **owner's goals and objectives**.

자산관리자와 시설관리자 둘 다 소유주의 목표와 목적을 이해하고 있어야 한다.

Management Plan 관리 계획

A key benefit of a property **management plan** is being ready to repair and replace building components on a scheduled basis.

자산 관리 계획의 주요 이점은 정해진 일정에 따라 빌딩의 구성 요소들을 수리하고 교체하도록 준비할 수 있다는 것이다.

Facility Management 시설관리

Many real estate investment companies know that outsourcing **facility management** duties to a specialist reduces costs and improves operations.

많은 부동산투자회사들은 시설관리의 의무를 전문가에게 위탁하는 것이 비용을 줄이고 운영을 개선한다는 것을 알고 있다.

Property Management 자산관리

Facility management software helps **property management** teams become more efficient and profitable.

시설관프로그램은 자산관리팀을 더욱 효율적이고 수익이 날 수 있도록 도와준다.

On-site Property Management Team 상주 자산 운영팀

The dedicated **on-site property management team** is on hand to carry out proactive day-to-day management of the buildings.
전담 상주 자산 운영팀이 빌딩의 일상 관리 업무를 처리하기 위해 대기하고 있다.

Building Management Office 빌딩관리사무실

Our **building management office** is made up of a dedicated and experienced team of professionals.
우리 빌딩 관리 사무실은 성실하고 경험이 많은 전문가들로 구성되어 있다.

Occupant Satisfaction 임차인 만족

Professional building management teams help improve **occupant satisfaction** and building financial performance.
전문 빌딩관리팀은 임차인 만족과 빌딩의 재무적인 성과 향상을 개선하도록 돕는다.

Act as a Liaison 대리인으로 일하다.

Leasing agents also **act as a liaison** between tenants and landlords.
임대 중개인은 임차인과 임대인 사이에서 대리인의 역할을 한다.

1) Overview

시공사로부터 오피스 빌딩을 인수받고 나면 시공상 하자를 처리하는 기간이 있습니다. 계약형태에 따라 처리 기간이나 방법이 다르겠지만, 가장 중요한 것은 인수 받은 후에 가급적 하자를 빨리 찾아내어 시공사 측에 요청을 하는 것입니다. 하자의 종류에 따라 이를 찾아내는데 다소 시간이 걸리는 것들도 있습니다. 시공사 입장에서는 건설 현장을 서둘러 마무리 하고 새로운 업무를 해야 하기 때문에 본공사 때처럼 많은 시간과 노력을 들이지 않을 수 있습니다. 준공이 되고 난 이후에 하자 처리를 바로 하지 않으면 시공사와 하도급 관계에 있는 회사들도 업무 처리에 적극적이지 않아 임대인 입장에서는 빌딩 이용에 불편을 겪을 수밖에 없습니다.

2) Keywords & Related Phrases with Example Sentences

Defect [dí·fekt , difékt] 하자

A construction **defect** exists when the components of a building fail to perform their intended function and design.

건설 하자는 빌딩의 요소들이 의도된 기능이나 디자인처럼 작동하지 않았을 때 나타나는 것이다.

Warranty [wɔ́ːrənti] 보증기간

A **warranty** is usually a written document to replace or repair equipment or products during a specified period if needed.

보증기간은 필요에 따라 특정기간 동안 장비와 물품을 교체하거나 수선하기 위한 서면화된 문서이다.

Builder [bíldər] 시공사

Builder's risk insurance is a kind of property insurance that insures against damage to buildings while they are under construction.

시공사의 공사보험은 공사 기간 도중 빌딩에서 발생할 수 있는 위험을 보장해 주는 재산보험의 한 종류이다.

Damage [dǽmidʒ] 손상

The official cause of the building **damage** was not determined.

빌딩 손상의 공식적인 원인은 확인되지 않았다.

Completion of Construction 준공

The work scope of a builder includes the review and approval of site and construction plans, the payment of applicable fees, issuance of a building permit, inspection of construction work, and approval upon **completion of construction**.

시공사의 업무 범위는 부지와 공사 계획에 대한 검토와 승인, 관련 비용의 지급, 준공허가의 발급, 업무의 검사 그리고 준공 승인 요청을 포함한다.

Builder's Warranty 시공사 하자보증

The terms of your **builder's warranty** are specified in detail in the contract.

시공사 하자보증의 계약 조건은 계약서에 상세하게 규정되어 있다.

Slab Leaks or Cracks 슬라브 누수와 갈라짐

Defects can include water leaks, **slab leaks or cracks**, and faulty electrical wiring.

하자는 누수, 슬라브의 누수와 갈라짐 그리고 잘못된 전선 연결 등이 포함된다.

Faulty Drainage 잘못된 배수

The existing **faulty drainage system** must be torn down before a new one can be installed.

지금의 잘못된 배수 시스템은 새로운 것을 설치하기 이전에 제거해야 한다.

Improper Landscaping and Irrigation 부적절한 조경과 관수

A construction defect is the failure in the building or building component such as **improper landscaping and irrigation**.

건설 하자는 빌딩에서의 고장이나 부적절한 조경과 관수 등과 같은 빌딩 구성 요소들의 고장이다.

Improper Materials 부적절한 자재

Water leaks through material corners can mean that **improper materials** were used in construction or that water is leaking through another problematic area of the building.

자재 모서리를 통한 누수는 부적절한 자재가 제품이 사용되었거나 빌딩의 다른 문제가 되는 곳에서 누수가 발생했다는 것을 의미한다.

Structural Failure or Collapse 구조적인 부실이나 붕괴

A major **structural failure or collapse** of a building is likely caused by poor construction.

빌딩과 구조물의 주요한 구조적인 부실이나 붕괴는 부실한 시공에 의한 가능성이 있다.

Faulty Electrical Wiring 잘못된 전선 연결

The fire was caused by **faulty electrical wiring** in the ceiling area.

화재는 천정의 잘못된 전설 연결 때문에 발생했다.

Insufficient Insulation 불충분한 단열

A common problem in commercial buildings is condensation created by **insufficient insulation** around chilled water pipes and ducts.

상업용 빌딩에서 흔히 발생하는 문제는 냉동기 파이프와 덕트의 불충분한 단열에 의해 발생하는 결로현상이 있다.

Poor Sound Protection 불충한 방음

One of the major complaints is **poor sound protection** between tenant spaces.

주요 민원 중에 하나는 임차인 간의 불충분한 방음이다.

Inadequate Firewall Protection 부적절한 방화벽 처리

The fire station officer commented about the defective fuel system and **inadequate firewall protection**.

소방관은 연료 시스템 결함과 부적절한 방화벽 처리에 대해 언급을 했다.

Construction Management 시공관리

Construction management is about overseeing the process involved in a construction project.

시공관리는 공사 프로젝트에 포함되는 과정을 감독하는 것이다.

Punch List 하자 리스트

Punch lists and building inspection checklists can help facility managers to follow up on the major issues of the building after building completion.

하자 리스트와 빌딩 점검 체크리스트는 시설 담당자가 준공 이후 빌딩의 주요 사항들을 확인할 수 있도록 도와준다.

Chapter 2. 오피스 빌딩의 신규 임대
(New Lease of Office Building)

Topic 1 임대안내문의 배포 (Distribution of Leasing Flyers)

---

1) Overview

오피스 빌딩 임대를 위해서는 빌딩의 임대기준가와 공실층을 알려주는 임대 안
내문을 만들어 배포해야 합니다. 임대 에이전트들이 손쉽게 사용할 수 있도록
간략하게 만들고 이를 활용할 수 있도록 만들 필요가 있습니다. 임대 안내문에
는 각 기준층의 평면도와 주변 교통 및 주차 등의 간략한 정보들을 포함하게
됩니다. 특히, 가망 임차인이 관심을 가질 수 있는 정보들을 일목요연하게 정리
해줘서 현장을 방문하고 가망 임차인이 공실을 볼 수 있도록 유도해야 합니다.
임대안내문은 빌딩을 홍보하는 역할도 하기 때문에 디자인과 용어에도 많은 신
경을 써서 제작하고 배포를 하는 게 좋습니다. 그리고 주기적으로 임대현황 등
을 업데이트를 해서 빌딩 관련 정보를 시장에 알릴 수 있어야 합니다.

2) Keywords & Related Phrases with Example Sentences

Deposit [dipázit] 보증금

One of the most important clauses in the lease agreement is the
security **deposit** clause.
임대차계약서에 가장 중요한 조항 중에 하나는 임대 보증금에 관한 것이다.

Rent [rent] 임대료

In many commercial buildings, monthly **rent** is typically paid in advance.

많은 상업용 빌딩들에서 임대료는 매월 선불로 지급된다.

Maintenance Fee 관리비

In addition to rent and deposit, tenants are usually required to pay a monthly building **maintenance fee** for their leased area.

임대료와 보증금과 함께 임차인은 임대된 공간에 대한 빌딩 관리비를 납부해야 한다.

Concession [kənséʃən] 제공되는 혜택, 양보

Free rent is a **concession** given to the lessee for leasing the premises over a specified term.

무상 임대는 정해진 기간 동안 임대 공간을 사용하는 것에 대해서 주어지는 혜택이다.

Directions [dirékʃən, dai-] 길안내

This map shows the **directions** to the main building from the bus stops and subway stations.

이 지도는 버스 정류장과 지하철역으로부터 본관까지의 길안내를 보여준다.

Ownership 소유주, 소유권

The pension fund has taken **ownership** of the Yeoido office building.

연금펀드는 여의도에 있는 오피스 빌딩의 소유권을 취득했다.

Year-built 준공연도

Year-built is the calendar year in which 50% (or greater) of the original construction was complete.

준공 연도는 달력 기준으로 최소 90%의 본공사가 완료되는 해이다.

Floor Plate 바닥면적

The amount of rentable area on a floor is called a **floor plate** or a footprint.

층에 임대 가능한 면적의 양을 바닥 면적 또는 차지하는 면적이라고 부른다.

Amenities [əménəti, əmíːn-] 편의시설

Tenants can enjoy on-site **amenities** such as laundry facilities, bicycle storage, and a gym.

임차인들은 세탁소, 자전거 보관소 그리고 체육관 등의 빌딩에 있는 편의시설을 사용할 수 있다.

Telecom [télɘkὰm] 통신시설

Typical building services include parking permits, **telecom**, and convenient building access.

일반적인 빌딩 서비스는 주차 허가, 통신시설 그리고 편리한 빌딩 출입을 포함한다.

Leasing Flyer 임대 안내문

A one-page **leasing flyer** with general building information is very useful for leasing agents.

빌딩 정보가 포함된 한 장의 임대 안내문은 임대 중개인에게 매우 유용하다.

Building Facts 건물 개요

Commercial office **building facts** include the year-built, typical floor plan, address, and usage.

상업용 빌딩의 건물 개요는 준공연도, 기준층 도면, 주소 그리고 용도를 포함한다.

Property Highlights 건물 장점 소개

Property highlights introduce and highlight a building's construction features and conveniences.

건물의 장점 소개 부분은 건물의 건축 특징과 공간의 편리함에 대해 소개한다.

Anchor Tenant 앵커 테넌트, 대형임차인

An **anchor tenant** is a major tenant in a commercial building or district.
앵커 테넌트는 상업용 건물이나 지역에 주요 임차인을 말한다.

Multi-tenant Floor 분할임대층

The gross area of a **multi-tenant floor** shall be calculated by measuring from partition of the common area to the exterior finish of permanent outer building walls.
분할 임대층의 총 임대면적은 빌딩 복도의 경계벽에서 부터 빌딩 외부 마감의 바깥쪽 외벽 끝선을 측정하여 계산한다.

Gross Leasable Area 총임대면적

Gross leasable area is the total amount of floor space available for rent.
총 임대면적은 임대 가능한 층의 총 면적의 합이다.

Common Area Maintenance 공용구역관리비

Common area maintenance is an amount charged to tenants for expenses relating to the maintenance of corridors, restrooms, parking areas, and other common areas.
공영구역관리비는 복도, 화장실, 주차장 그리고 다른 공용구역 관리를 위한 비용으로 임차인에게 부과되는 금액이다.

Asking Rental Rate 제안 임대가격

The average quoted **asking rental rate** for available office spaces became more consistent.

임대 가능한 사무공간의 평균적인 제안 임대가격은 안정화 되어갔다.

Parking Ratio 주차가능 공간비율

Parking ratio is the number of parking spaces compared to the size of the building.

주차가능 공간비율은 빌딩 크기 대비 주차 공간의 수를 말한다.

Pre-leased Space 완공전 임대된 공간

The project is yet to be finished but has already filled 90% of **pre-leased space**.

그 프로젝트는 준공되기 전이지만 이미 90%를 선임대를 했다.

Shadow Space 임대가 불가능한 공실

There is always some **shadow space** in most office markets across the country.

전국의 대부분의 오피스 시장에는 임대가 불가능한 공실이 항상 있다.

Column-free Floor Plates 기둥없는 바닥 구조

Column-free floor plates ensure the most efficient usage of office space.

기둥이 없는 바닥 구조는 임차인에게 효율적으로 사무 공간을 사용할 수 있게 해준다.

Core-to-window Depth 코어에서 창까지 깊이

15 meters of **core-to-window depth** offers optimal space and flexibility.

15미터의 건물 코어에서부터 창까지의 깊이는 최적의 공간 효율과 유연성을 제공한다.

Connected to the Underground Transportation Network 지하 교통 수단과의 연결

A distinct feature is the convenient **connection to the underground transportation network**.

독특한 특징은 지하 교통수단과 편리하게 연결되는 것이다.

Monthly Newsletter 월간 뉴스레터

A **monthly newsletter** for commercial leases brings you comprehensive briefings and expert commentary on the latest commercial property transactions.

상업용 빌딩의 임대 관련 월간 뉴스레터는 심도있는 보고 내용과 최근의 다양한 상업용 자산 거래에 대한 전문가들의 의견을 제공한다.

1) Overview

임대인과 임차인이 임대계약을 협의하기 위해서는 무엇보다도 임대 면적과 임대 기간, 이 두 가지 사항이 가장 중요합니다. 면적이 크고 임대 기간이 길면 임대인과 임차인이 서로 요구하는 사항을 협의하는데 있어 여러 가지 조건들을 다양하게 협상할 수 있습니다. 입주 시에 임차인에게 제공할 수 있는 무상 임대기간인 Rent Free, 공사지원금인 Fit-out Allowance 등을 유연하게 적용할 수 있습니다. 임대인 입장에서도 대형 면적을 쓴다면 주요 임차인인 Anchor Tenant가 되는 것이기 때문에 임대료 및 관리비 조건에서도 다양한 옵션을 제시할 수 있습니다. 비용적인 부분 이외에도 중도해지나 증평 관련 옵션 그리고 주차에 관한 사항들도 임대조건에 협의를 할 때 세부적으로 검토할 필요가 있습니다.

2) Keywords & Related Phrases with Example Sentences

Lease Proposal 임대제안

A **lease proposal** is an application that outlines the proposed terms and conditions for leasing the property in question.

임대제안은 임대가 진행 중인 자산에 대해 거래 조건을 명시하여 제출하는 것이다.

Lease Drafting 임대차계약서 초안

The ABC leasing team offer tenants a range of services, including **lease drafting**, negotiation, and review.

ABC 임대팀은 임차인에게 임대차계약서 초안, 협상 그리고 검토를 포함하는 업무 범위의 서비스를 제공한다.

Terms and Conditions 임대기간 및 조건

The following lease schedule incorporates the **terms and conditions** of the master lease agreement.

첨부의 임대 계획은 책임임차계약의 조건을 포함한다.

Free Rent 무상임대기간

A tenant may receive a cash rebate upon lease signing or several months of **free rent** as incentives.

임차인은 인센티브로 임대차계약의 체결과 동시에 현금 지급 또는 몇 개월 간의 무상임대기간을 제공 받을 것이다.

Percentage Rent 수수료 연동 임대료

Retail tenants and commercial real estate professionals should be aware of a common provision in leases known as **percentage rent**.

소매점 임차인과 상업용 부동산 전문가는 수수료 연동 임대료라고 알려진 계약서상의 일반적인 조항을 잘 알고 있어야 한다.

Tenant Improvement 임차인 공사비용 보전

A key component of any lease negotiation is the **tenant improvement allowance** provided by the lessor to build-out an office space for the tenant.

임대협의의 중요한 요소는 임차인이 사무실 공간에 대한 공사를 함에 따라 임대인이 지급하는 임차인 공사비용 보전 금액에 대한 것이다.

Break-even Point 손익분기점

The **break-even point** is the amount of leased space required in order to cover all costs of the project.

손익분기점은 프로젝트 비용을 감당하기 위해 임대된 면적의 크기를 의미한다.

Contract Rent 계약 임대료

Contract rent is the rental charge stated in the lease agreement.

계약 임대료는 계약서에 명시되어 있는 임대료를 말한다.

Face Rent 명목 임대료

Face rent is the quoted rental rate before taking into account incentives such as free rent.

명목 임대료는 무상임대 같은 혜택을 고려하기 전의 제시된 임대료를 말한다.

Effective Rent 실질 임대료

Effective rent means contract rent less free rent and any cash allowances such as a fit-out allowance or moving allowance.

실질 임대료는 무상임대나 공사대금보조금 혹은 이전비용보조금 같은 현금 혜택 등을 차감한 계약 임대료를 의미한다.

Lease Buyout 조건부 임대차 계약 종료

A **lease buyout** allows a tenant to terminate a lease contract prior to the conclusion of the lease term without breaking the lease agreement.

조건부 임대차 계약 종료 조건은 임차인이 임대차계약에 반하지 않고 임대기간 종료 전에 계약을 해지할 수 있게 해준다.

Net Occupancy Cost (NOC) 순점유비용

Increased rent and CAM were primary reasons for **net occupancy cost increases**.

인상된 임대료와 관리비는 순점유비용을 증가시키는 주된 이유이다.

Rent-free Period 무상임대기간

A **rent-free period** is often offered by a lessor under the terms of a commercial lease to attract prospective tenants.

무상임대기간은 가망 임차인의 임대를 위해서 상업용 부동산 임대시장에서 임대인에 의해 종종 제공된다.

Fit-out Period 인테리어 공사기간

A landlord usually offers a free **fit-out period** of two to three months for tenants to finish furnishing their office space.

임대인은 보통 사무실 공간의 인테리어 공사를 위해 2~3개월 정도를 무상 인테리어 공사기간으로 제공한다.

Tenant Allowance, Tenant Improvements 인테리어 공사 보조금

Most leases grant **tenant allowances** as a lump sum, based on a per-square-meter basis.

대부분의 임대차계약은 임차인에게 제곱미터 기준으로 인테리어 공사 보조금을 제공한다.

Brokerage Commission 임대수수료

Brokerage **commissions** are earned when a lease agreement is signed.

임대수수료는 임대차계약이 체결될 때 지급된다.

Storage [stɔ́ːridʒ] 창고

Sometimes ground level **storage** units are very useful for tenants who have to store documents on-site.

때로는 1층에 있는 창고가 서류를 현장에 비치해야 하는 임차인에게 매우 유용할 수 있다.

Gross Lease 그로스 리스, 모든 비용과 세금까지 임대인이 부담

Gross lease is a lease agreement in which the tenant pays only a fixed fee or rent and the landlord is responsible for the general expenses such as insurance, maintenance, and taxes.

총임대는 임차인이 정해진 수수료나 혹은 임대료만을 부담하고, 임대인이 보험료, 관리비 그리고 세금 등의 일반 비용을 부담하는 것을 말한다.

Modified Lease 비용 분담 협의한 임대

A **modified lease** is better than a traditional commercial lease.

비용을 분담 협의한 임대차 계약은 전통적인 상업용 임대차 보다는 낫다.

Net Lease 넷리스, 임차인이 운영비용을 부담하는 임대

In a **net lease**, the tenant pays rent and is responsible for the associated general expenses as well.

넷 리스에서는 임차인은 임대료를 부담하고 일반 비용도 부담한다.

Double Net Lease 더블넷 리스, 임차인이 세금과 빌딩 보험을 부담하는 임대

In a **double net lease**, the lessee or tenant is responsible for property taxes and building insurance.

더블넷 리스에서는 임차인 또는 입주사는 재산세와 빌딩 보험료를 납부해야 한다.

Triple Net Lease 트리플 넷 리스, 임차인이 세금, 관리비, 재산세 등을 모두 부담

In a **triple net lease**, the tenant will be responsible for paying the building's property taxes, building insurance, and the cost of any maintenance or repairs.

트리플 넷 리스에서는 임차인이 빌딩의 재산세, 보험 그리고 유지 혹은 보수 비용을 부담해야 한다.

Rent Increases (Escalation) 임대료 인상

Rent cannot be increased during the lease term unless the lease areement includes a clause for **rent increases**.

임대차계약서에 임대료 인상이 허용되지 않으면 임대료는 임대 기간 동안 인상되지 않는다.

Consumer Price Index (CPI) 소비자물가지수

The typical index used for lease escalation clauses is the **Consumer Price Index (CPI)**.

임대차계약서에 일반적으로 사용되는 인상 조항은 소비자물가지수이다.

Financial Assistance 재정지원

Financial assistance may be used for relocation costs such as tenant improvements, holding costs, legal expenses, and moving costs.

이전 비용에 대한 재정지원으로 임차인 공사대금 지원, 유지비용, 법적 비용 그리고 이사비용 같은 것들이 사용된다.

Lease Renewal 임대차 재계약

A lease agreement becomes a binding **lease renewal** when signed by the landlord and returned to the tenant.

임대인에 의해 날인된 임대차계약서가 임차인에게 전달되면 효력이 발생하는 임대차 재계약이 된다.

Average Annual Effective Rent 연평균유효임대료

Average annual effective rent is the tenant's total effective rent divided by the lease term.

연평균유효임대료는 임차인 총 유효임대료를 임대기간으로 나눈 것이다.

Moving Allowance 이사 보조금

A **moving allowance** is generally requested by tenants to alleviate the costs of moving.

이사보조금은 일반적으로 임차인이 이전 비용을 절감하려고 요청한다.

Rent Concession 무상임대기간

The **rent concession** is a period of rent abatement given to an incoming tenant.

무상임대기간은 입주하는 임차인에 제공되는 임대 기간에 대한 감면이다.

Step-up Lease 스텝업 리스, 임대료 인상이 정해진 임대

Step-up lease is a lease that increases the rent rate at specified times during the lease term.

스텝업 리스는 임대기간 동안 특정 기간에 임대료가 올라가는 임대이다.

Remedy [rémədi] 개선하다. 법적구제, 해결책

In the event of a breach of lease covenant, the landlord will give notice to the tenant with the expecation that the tenant will provide **remedy** the situation.

계약의 불일치가 발생했을 때 임대인은 임차인에게 그 상황을 개선할 수 있는 해결책을 제공할 것을 기대하고 공문을 발송할 것이다.

Discretionary Rights 재량권, 선택권

In the lease agreement, a tenant has **discretionary rights** to the renewal of the lease.

임대차계약서상에 임차인은 계약 연장에 대한 선택권이 있다.

Additional Charge 추가관리비

An **additional charge** will be required for installation of each heating and cooling unit.

난방과 냉방 설비를 설치하면 추가관리비가 부과될 것이다.

Off-hour Charge 업무 외 시간 관리비

An **off-hour charge** will be added to all tenants who use lighting between 12am and 7am.

업무 외 시간 관리비는 자정부터 오전 7시까지 전등을 사용한 모든 임차인에게 부과될 것이다.

Straight-line Rent 스트레잇트 라인 렌트, 무상임대 및 인상률을 계산한 임대료 (총 임대수입/기간)

Straight-line rent is calculated as the total expenses less all discounts over the life of the lease, divided by the total number of payments terms in the lease.

스트레이트 라인 렌트는 모든 비용을 더하고 임대 기간 동안 제공된 무상 임대 등의 할인 금액을 차감하고 나서 임대기간 동안의 비용 지급 횟수로 나눠서 계산한다.

Sublease 전대차 계약

A **sublease** is usually prohibited under the original lease and permission generally requires written approval by the landlord.

보통 전대차 계약은 원 계약에는 금지되어 있고 일반적으로 임대인의 사전 서면 동의가 필요하다.

Assignment of Lease 계약의 양도

An **assignment of lease** is the transfer of the right to use the lease property from the original tenant (assignor) to the sub-tenant or other tenant.

계약의 양도는 임대 공간의 사용에 대한 권리를 원계약자(양도자)로부터 전차인이나 다른 임차인에게 넘기는 것이다.

Efficiency Ratio 전용율

An office building that has a higher **efficiency ratio** is more competitive in the market.

더 높은 전용율을 가진 오피스 빌딩이 시장에서 경쟁력이 있다.

Extension [iksténʃən] 계약 연장

The agreement certifies that the tenant agrees to extend the lease agreement for an additional 3 years. It is common for leases to have options for **extension**.

계약은 임차인이 추가 3년을 연장하는 임대계약에 동의했음을 확인해 준다. 이는 보통 임대차계약에 있는 흔한 연장 조건이다.

Grace Period 유예기간

A rent-free period is negotiable and the landlord may allow a rental **grace period** during fit-out construction.

무상임대기간은 협의가 가능하고 임대인은 인테리어 공사기간 동안 임대료 유예기간을 제공할 것이다.

Guaranty [gǽrənti] 보증, 보증인

A lease **guaranty** makes the guarantor liable for the tenant's defaults under the lease agreement.

임대보증은 보증인이 임대차계약서상 임차인의 채무불이행에 대해 책임을 저야 한다.

Tenant Representative(tenant rep) 임차대행인

A **tenant representative (tenant rep)** can offer various services to tenants of commercial office buildings.

임차대행인은 상업용 오피스 빌딩의 임차인에게 다양한 서비스를 제공할 수 있다.

Topic 3 임대차계약 해설 (Lease Agreement Explanation)

1) Overview

투자형 오피스 빌딩에서는 보통 법무법인을 통해 표준 임대차계약서를 만들어 놓고 임차인의 조건에 따라 이를 수정해서 사용을 합니다. 임대차계약서에서는 무엇보다도 용어의 정의가 중요합니다. 용어의 정의에 따라 임대차계약의 해석이 달라질 수 있음을 염두하고 이를 검토해야 합니다. 특히, 계약의 종료, 연장, 변경 등의 대한 조건을 명확하게 기재해야 합니다. 그리고 임대차계약서의 조항들은 해석의 여지를 두지 않고 누구나 읽고 이해를 했을 때 명료하게 해석할 수 있도록 작성해야 추후 분쟁의 소지가 없습니다. 그리고 임대차계약서 작성 시에는 지급기일이나 계약의 종료나 연장에 관한 통지일 등은 동일한 조건으로 모든 임차인에게 적용을 하는 것이 계약 관리상 편리하고 통지시기를 놓치지 않을 수 있습니다.

2) Keywords & Related Phrases with Example Sentences

Expansion [ikspǽnʃən] 증평

An **expansion** option is available when a tenant is not in default of any of the terms, conditions, or covenants of the lease agreement.
증평 조건은 임차인이 임대차계약서상의 조건과 이행조건 등의 불이행이 없었을 때 가능하다.

Cancellation [kǽnsəléiʃən] 해지

For companies that have to move in accordance with the business environment, lease **cancellation** strategies become an important component of corporate real estate leasing decisions.

경영 환경에 따라 이전해야 하는 회사에게는 임대차계약의 해지 전략이 회사의 부동산 임대차 결정에 있어 매우 중요한 요소가 된다.

Lessor [lésɔːr] 임대인

The **lessor** must inform the tenant of the planned renovations in writing and agree upon the work hours.

임대인은 서면으로 계획된 개선공사 계획을 임차인에게 알려야 하고 공사시간에 대한 동의도 받아야 한다.

Lessee [lesíː] 임차인

A **lessee** shall permit the lessor and its duly authorized representative to enter the leased premises at all reasonable times during business hours for the purpose of maintenance.

임차인은 임대인과 대리인이 임차 공간에 합리적인 업무 시간 동안에 관리상 목적으로 출입하는 것을 허락해야 한다.

Security Deposit 보증금

A **security deposit** is a sum of money a tenant is required to pay the landlord in advance to moving in as insurance against tenant-related damages or default in rent and a security deposit is returned at the end of the contract.

보증금은 임차인이 입주 전에 임차인에 의한 손상이나 임대료의 연체에 대한 보장으로서 지급하는 돈이다. 그리고 보증금은 임대계약이 끝나면 반환된다.

Reduction [ridʌkʃən] 감평

There may be instances where a landlord and tenant agree to a lease area **reduction** for a specified area of the building.

임대인과 임차인이 빌딩의 일부 구간에 대해 감평에 대해 합의한 사례가 있을 것이다.

Bankruptcy [bǽŋkrəptsi, -rəpsi] 파산

In event of tenant **bankruptcy**, a landlord's ability to collect the unpaid rent will be dependent on the priority of other creditors associated with the tenant.

임차인의 파산할 경우, 임대인이 미지급된 임대료를 받을 수 있는 능력은 임차인과 관련된 다른 신용제공자들의 우선순위에 달려있다.

Landlord 임대인, 건물주

Landlords are always seeking to maximize investment returns and looking for new tenants to lease building vacancies.

임대인은 항상 투자 수익률을 극대화하려 하고 빌딩 공실의 임대를 위해 새로운 임차인을 찾는다.

Collateral [kəlǽtərəl] 담보

Collateral is the term for the property that a debtor offers as security.
담보는 채무자가 보증으로 제공하는 자산을 말하는 용어이다.

Sublet 전대하다, 전대차

Most tenants need their landlord's written permission before they can **sublet** all or part of their lease area.
대부분의 임차인은 임차 공간의 전부 혹은 부분을 전대하기 전에 임대인으로 부터 서면 허가가 필요하다.

Premises [prémis] 부동산, 건물

The tenant shall be the sole user of the **premises** and will sublet any part to another tenant without written consent from the landlord.
임차인은 임대공간의 단독 사용자이고 임대인의 사전 서면 동의 없이 다른 임차인에게 일부 공간을 전대할 수 있다.

Occupy [άkjupài] 차지하다, 점유하다.

A lease grants the right to use or **occupy** an area exclusively for a specified period of time per the lease agreement.
임대는 임대차계약서에 의해 특정기간 동안 독점적으로 임대공간을 사용하도록 허락하는 것이다.

Payment [péimənt] 지급, 납부.

The rent is a **payment** made from tenant to landlord to cover the costs associated with the right to use the premises.
임대료는 임차인이 공간 사용에 대한 권리와 관계된 비용으로 임대인에게 지급하는 것이다.

Affiliate [əfílièit] 관계회사, 자회사

A property owner may be a stand-alone operation or it may have **affiliates**.
소유주는 독립적으로 운영하거나 관계회사를 가지고 있을 것이다.

Standard Lease Agreement 표준임대차계약서

During the lease process, a leasing agent will prepare a **standard lease agreement** to be reviewed and approved by the property owner.
임대 절차 중에서 임대 에이전트는 소유주에게 검토를 요청하고 승인을 받기 위해서 표준임대차계약서를 준비할 것이다.

New Lease 신규임대

The landlord has no obligation to renew or offer a new **lease** to a tenant.
임대인은 임차인의 계약을 재계약을 하거나 새로운 공간을 제공해야 하는 의무가 없다.

Lease Renewal 재계약

The maintenace fee will remain the same regardless of a **lease renewal** offer.

재계약 제안에도 불구하고 관리비는 그대로 유지될 것이다.

First Refusal 임차인의 우선 협상권

The right of **first refusal** shall be exercisable by a tenant only if there was no event of default during the lease term.

임차인의 다른 공간에 대한 우선 협상권은 임대기간 중 임대차계약서상 의무의 불이행이 없을 경우에만 실행이 가능하다.

Lease Termination 계약종료

The **lease termination** notice must be properly served prior to the end of the lease year.

계약 종료 공문은 임대계약 종료의 마지막 년도 전에 정확히 발송되어야 한다.

Lease Term 계약기간

Before the start of the **lease term**, a tenant shall conduct an inspection of the premises.

임대계약기간 개시 전에, 임차인은 임대공간에 대해 점검을 해야 한다.

Lease Area 임대면적

A tenant should verify the **lease area** before move-in.

임차인은 입주 전에 임대면적을 확인해야 한다.

Net Area 전용면적

The **net area** is the area actually usable by the tenant.

전용면적은 임차인이 실제로 사용가능한 면적이다.

Assignment Agreement 양도계약

The **assignment agreement** is a formal agreement transferring a tenant's rights and obligations to a new tenant.

양도계약은 새로운 임차인에게 임차인의 권리와 의무를 넘기는 공식적인 계약이다.

Business License 사업자등록증

A **business license** is one of the required documents in a commericial property rental.

사업자등록증은 상업용 자산 임대에 있어 꼭 필요한 서류 중에 하나이다.

Sublease Agreement 전대차계약

Given high property values, **sublease agreements** should be drafted by commercial tenants with the assistance of their attornies.

상업용 빌딩 자산의 높은 가치 때문에 전대차계약서는 변호사의 도움을 받아 임차인이 초안을 준비해야 한다.

Termination of Lease 중도해지

According to the contract, the **termination of lease** is February 14, 2015.

계약서에 따라 중도해지는 2016년 2월 14일이다.

Lease Expiration 만기해지

If a tenant stays beyond the **lease expiration**, the tenant is presumed to have renewed for one more year.

만약 임차인이 계약 만기 이후로도 머물고 있다면, 그 계약은 1년간 재계약이 체결된 것으로 간주된다.

Option to Renew 재계약 권리

An **option to renew** clause provides a tenant with the ability to renew the lease for an additional term.

재계약 권리는 임차인이 추가 기간 동안 재계약할 수 있도록 한 조항이다.

Option to Expand 증평 권리

Some lease agreements provide the tenant with an **option to expand** its premises through adjacent spaces available for use.

보통 임대차계약에서 임차인에게 인접한 공간에 대해 증평할 수 있는 권리를 준다.

Option to Cancel 해지 권리

Careful considerations should be made before allowing a tenant an **option to cancel** in a lease agreement.

임차인에게 임대차 계약의 해지 권리를 주는 것은 매우 신중해야 한다.

Natural Breakpoint 퍼센테이지 렌트 초과 시점

The tenant shall pay a ten percent rent over the **natural breakpoint**.

임차인은 기준 임대료를 초과한 부분의 10%를 퍼센테이지 임대료로 납부해야 한다.

Demised Premises 임대된 자산 또는 건물

The space occupied by a tenant is also known as the **demised premises**.

임차인이 사용하는 공간은 임대된 자산이라고도 한다.

Highest and Best Use 최고최선의 이용

A property that has achieved its **highest and best use** is one that has a near full occupancy rate.

최고 최선의 이용을 달성한 자산은 거의 다 임대가 된 자산이다.

Radius Clause 근거리 동종업종금지

A **radius clause** in a retail lease agreement prevents a retail tenant from opening a competing company in the same general market.

근거리 동종업종금지 조항은 소매업종 임대차 계약에서 시장 동종업종의 경쟁 임차인이 입점하는 것을 막아준다.

Sandwich Lease 샌드위치 리스, 전대차

A **sandwich lease** is when a lessee subleases a property to a third party.
샌드위치 리스의 정의는 임차인이 제삼자에게 자산을 전대차하는 임대차계약을 말한다.

Written Consent 서면동의

The sublease cannot be modified without the lessor's **written consent**.
전대차계약은 임대인의 서면동의 없이 수정하지 못한다.

Illegal [ilí:gəl] 불법의

The landlord can terminate a tenancy at any time in the event of non-payment and **illegal** activity.
임대인은 임대료의 미납과 다른 불법적인 행위가 있으면 언제든 임대차를 종료할 수 있다.

Provision [prəvíʒən] 조항

A break clause is a **provision** in a lease that enables the landlord or tenant to end the lease early.
해지 조항은 임대인과 임차인 양쪽 모두 임대차 계약을 조기에 종료할 수 있는 조항이다.

Amendment [əméndmənt] 개정, 변경

It is possible to make **amendments** to the original contract.
원래의 임대차계약서를 수정하는 것은 가능하다.

Supplemental Agreement 추가 계약

A **supplemental agreement** provides for an increase in area, rent,
and maintenance fees during the lease.
추가 계약은 임대기간 동안 늘어난 임차 공간에 대한 인상된 임대료와 관리비
에 대한 내용을 제공한다.

Conflict [kənflíkt] 충돌

There may be circumstances that result in a tenant/landlord **conflict**.
임차인과 임대인의 충돌이 일어나는 상황이 있을 것이다.

Business Hours 업무 시간

The landlord will keep the leased premises open to the public during
regular **business hours**.
임대인은 일반적인 업무 시간 동안 건물을 일반인들에게 개방할 것이다.

Effective Date 발효일, 유효기일

A landlord must provide a tenant with a written notice at least 30 days prior to the **effective date** of a rent and maintenance fee increase.

임대인은 적어도 임대료와 관리비 인상 유효 기일 30일 이전에 서면 통지를 해야 한다.

Payment Schedule 지급일정

In the event of tenant default, the landlord can call for an alternative **payment schedule**.

임차인의 계약 불이행이 발생하면 임대인은 새로운 임대료 납부 계획을 요구할 수 있다.

A Written Agreement With ~와 서면 계약

A written agreement with the landlord is required for any tenants who want to continue the lease.

임대 기간을 지속하고자 하는 임차인은 임대인과 서면 계약이 필요하다.

Cancellation Clause 해지 조항

The anchor tenant signed a 10-year lease agreement with a **cancellation clause** after 5 years.

앵커 테넌트가 5년 뒤 해지할 수 있는 조항과 함께 10년간 임대계약을 체결하였다.

Topic 4 임대마케팅 실무 (Leasing Marketing Practice)

1) Overview

효율적인 오피스 빌딩의 임대마케팅을 위해서는 각 빌딩에 있는 임차인의 현황을 파악하고 가능하면 계약 기간이나 중도해지 조건까지도 알고 있는 것이 좋습니다. 그래야 영업을 해야 하는 대상을 찾고 이에 대해 임대 제안을 할 수 있기 때문입니다. 이외에도 새로 지어진 빌딩이나 자료가 없는 빌딩들은 직접 관리 사무소로 방문하여 정보를 찾거나 로비 디렉토리의 임차인 명단을 조사하기도 합니다.

신규 임차인 발굴은 많은 시간과 노력을 들여야 성공을 할 수 있습니다. 임차인이 직접 에이전트를 찾는 경우 보다는 거꾸로 임차인을 찾아야 하는 경우가 더 많습니다. 그리고 보통 대형 오피스 빌딩들은 전속으로 임대를 대행하는 회사나 에이전트를 지정하는 경우가 대부분입니다. 따라서 임대가능한 사무실이나 공실에 대한 정보는 부동산관리 전문 회사들이 발송하는 임대안내문 등을 통해 정보를 얻을 수 있습니다.

2) Keywords & Related Phrases with Example Sentences

Vacancy [véikənsi] 공실

The following is a complete list of all current **vacancies** of the ABC building.

아래는 ABC 빌딩의 현재 공실 리스트입니다.

Absorption Rate 임대흡수율

The **absorption rate** can also be an indicator to developers to start building new properties.

임대흡수율은 부동산 개발업자들이 새로운 자산을 개발하는 지표가 될 수 있다.

Prospective Tenant 가망 임차인

To be a good agent, you need to use open-ended questions and try to build a rapport with the **prospective tenant**.

좋은 에이전트가 되기 위해서는, 지속적인 개방형 질문들을 사용하고 가망 임차인들과의 좋은 관계를 지속하려 노력해야 한다.

Competitive Building 경쟁빌딩

ABC Building is the most **competitive building** in Seoul and provides high quality service to its tenants.

ABC빌딩은 임차인에게 최고의 서비스를 제공하는 서울에서 가장 경쟁력 있는 빌딩이다.

Rent Roll 임대정보

The **rent roll** report presents the lease status and financial summary of the building.

임대정보 보고서는 빌딩의 임대 현황과 재무 요약 정보를 보여준다.

Stacking Plan 층별 임대현황

A **stacking plan** gives a leasing agent a building's tenant status at a glance.

층별 임대현황은 임대 에이전트에게 빌딩의 임차인 현황을 한눈에 볼 수 있게 해준다.

Lease Abstract 임대정보요약

The **lease abstract** report presents a high-level summary of your lease portfolio.

임대정보요약 보고서는 자산포트폴리오에 수준 높은 요약을 제공한다.

Co-brokerage Commission 공동중계수수료

The leasing agent had a **co-brokerage commission** agreement with a competitive company to make a big deal.

임대 에이전트는 큰 거래를 성사시키기 위해서 경쟁회사와 공동중계수수료 계약을 맺었다.

Rent Abatement 임대료 경감

A commercial building landlord usually gives a **rent abatement** to new tenants in order to increase the lease ratio of the building.

보통 상업용 빌딩의 임대인은 빌딩의 임대률을 높이기 위해 새로운 임차인에게 임대료 감면을 제공한다.

Tenant Mix 임차인 구성

The **tenant mix** of a prime office building is a vital element to its long term value.

프라임 오피스 빌딩의 임차인 구성은 장기적인 가치에 있어 매우 중요한 요소이다.

Tenant Selection 임차인 선정

The **tenant selection** criteria may vary for different sites or buildings.

임차인 선정 기준은 부지나 빌딩에 따라 다양할 것이다.

Future Expansion 향후 증평

ABC Company purchased additional land next to the current building for **future expansion** plans.

ABC 부동산 회사는 향후 증평을 위해서 현재 빌딩 옆에 추가 부지를 매입했다.

Rentable Area 임대가능면적

Rentable area is the usable area plus the tenant's share of common areas; a tenant's rent and CAM is typically calculated with this area.

임대가능면적은 전용면적과 임차인의 공용면적을 포함한다. 보통 임차인의 임대료와 관리비가 계산되는 면적이다.

Usable Area 전용면적

The amount of **usable area** on a multi-tenant floor can vary over the life of a building.

분할 임대되는 층의 전용면적은 빌딩의 수명 동안 변할 수 있다.

Base Rate 기본 임대료

Retail tenants pay a **base rate** plus 5% of their gross income.

소매 임차인은 기본 임대료에 더하여 총수입의 5%의 금액을 지불한다.

Ancillary Tenant 소규모 임차인

An **ancillary tenant** leases secondary or extra space within a building such as a roof top for signage or broadcasting equipment.

소규모 임차인은 광고장비의 설치나 홍보물을 위해 빌딩의 옥탑 같은 작은 공간을 임차한다.

Anchor Tenant 대형 임차인, 핵심 임차인

An **anchor tenant** is the main tenant in the building and often attracts other tenants to locate in the same property.

대형 임차인은 빌딩의 주요 임차인으로 같은 빌딩으로 다른 임차인들을 끌어들이는 역할을 한다.

Inventory 오피스 공급량

The comprehensive **inventory** of buildings was developed as a foundation for tracking trends in the Seoul area economy.

종합적인 오피스 빌딩 공급 물량 정보는 서울 지역 경제의 동향 파악을 위한 기반 마련을 위해 개발되었다.

Vacancy Rate 공실률

The **vacancy rate** for office space in YBD is expected to stand at around 10 percent.

여의도 지역의 오피스 공간 공실률은 10% 정도에 머물 것으로 예상된다.

Leasing Activity Report 임대 활동 보고서

The ABC Property Management Company's next **leasing activity report** will be announced on December 10.

ABC 자산관리 회사의 다음 임대 활동 보고서는 12월 10일에 발표될 것이다.

Leasing agent 임대 에이전트

The main role of a **leasing agent** is the creation of new leases and the renewal of existing leases.

임대 에이전트의 주요 역할은 새로운 계약을 체결하고 현재 있는 임대를 연장하는 것이다.

Topic 5 오피스 빌딩 현장 방문

(Office Building Site Visit and Tour)

1) Overview

임차인은 입주할 오피스 빌딩을 선택하기 위해 여러 빌딩을 방문하게 됩니다. 싸이트 투어를 하면 보통 입주할 공간을 먼저 보고 다른 층에 입주해 있는 비교할만한 회사들을 방문하여 인테리어가 된 모습을 보게 됩니다. 그리고 로비나 주차장 등의 공용 공간들을 확인하게 됩니다.

싸이트 투어를 하게 될 경우 사전에 어떤 곳을 중점적으로 확인할지 사전에 체크리스트를 준비하면 좋습니다. 만약 이전하겠다는 의사 결정을 하게 되면 여러 번 방문하겠지만 한꺼번에 많은 장소를 단시간에 보기 때문에 중요한 사항들을 그냥 지나치는 경우가 있을 수 있기 때문입니다. 그리고 일부 층을 쓰게 된다고 하면 같이 입주하는 주변 임차인과 엘리베이터홀을 함께 쓰는 임차인이 어떤 회사인지 확인해야 입주 후 예상되는 일들을 확인할 수 있습니다. 특히, 상주 인원을 고려하여 엘리베이터의 사용이나 화장실, 주차시설 등 편의시설도 꼼꼼하게 체크를 해야 입주 후 불편을 줄일 수 있습니다.

2) Keywords & Related Phrases with Example Sentences

Location [loukéiʃən] 위치

The **location** of a building affects a wide range of economic components such as rent and maintenance fees.

빌딩의 위치는 임대료와 관리비 같은 넓은 범위의 경제적 요소들에 영향을 끼친다.

Building Accessibility 빌딩 접근성

A site map provides specific **building accessibility** information such as the location of main entrances and elevators.

현장 지도는 주요 출입구나 엘리베이터 같은 상세한 빌딩 접근성에 대한 정보를 제공한다.

Maximum Occupancy Level 최대 상주 인원

The **maximum occupancy level** of a building cannot be exceeded as that would give rise to safety concerns in the event of an emergency.

빌딩의 최대 상주 인원을 초과할 수는 없는 것은 비상시에 안전과 관련된 문제를 일으킬 수 있기 때문이다.

Building Visit 빌딩 방문

It is necessary to have a **building visit** before you sign the lease contract.

임대차계약을 체결하기 전에 빌딩 방문을 하는 것이 필요하다.

CBD (Central Business District) 도심 지역

The **CBD** encompasses the area from Gwanghwamun and Seoul City Hall to Namdaemun and Seoul Station.

CBD는 광화문과 서울 시청에서부터 남대문과 서울역까지의 지역을 포함한다.

YBD (Yeoido Business District) 여의도 지역

YBD can be divided into West Yeouido and East Yeouido.

여의도 지역은 서여의도와 동여의도로 나뉜다.

KBD (Kangnam Business District) 강남 지역

Various companies such as IT, manufacturing, and consumables are located in the **KBD**.

IT, 제조회사 그리고 소비재 회사 등 다양한 회사들이 강남 지역에 위치해 있다.

Class A Building 상위 30~40% 그룹

The **class A building** was 100% leased and occupied right after construction was completed.

클래스 A 빌딩은 건물이 준공된 이후 100% 임대되어 사용되고 있다.

Class B Building 중간 그룹

The ABC building was renovated by the investors but is still considered a **class B building** due to its location.

ABC 빌딩은 투자자들에 의해 개선공사를 진행하였으나 위치로 인하여 아직까지도 클래스 B 빌딩으로 여겨진다.

Class C Building 하위 10~20% 그룹

Energy savings can be achieved by changing from a **class C building** to a class A or B.

에너지 절약은 클래스 C 빌딩을 클래스 A혹은 B 빌딩으로 변경하면 달성할 수 있다.

Traffic Convenience교통 편의성

The location of the ABC Building in Seoul is excellent and has a high level of **traffic convenience**.

서울의 ABC 빌딩의 위치는 뛰어나고 임차인들을 위한 교통 편의성이 다양하다.

Topic 6 빌딩의 사용용도 (Usage of Office Building)

1) Overview

오피스 빌딩의 주용도는 사무실입니다. 그렇지만 사무실 외에도 근린생활시설이나 의원, 체육시설 등이 입주하기도 합니다. 이럴 경우 사무실의 용도변경을 해야 합니다. 실무적으로는 건축사 사무소에서 서류나 용도 변경에 관한 사항들을 준비하고 구청 담당자와 협의를 거쳐 처리를 하게 됩니다. 임대인 입장에서는 서류에 도장을 찍어주기만 하면 되는 절차이지만 용도변경 사항에 따라서 건물에 정화조 용량의 증설 등 시설물의 변경이 필요한 경우도 있기 때문에 정확한 변경 현황을 관리할 필요가 있습니다.

2) Keywords & Related Phrases with Example Sentences

Office Use 업무시설

It is not easy to convert older buildings from residential use to **office use** due to various design and technical hurdles.
오래된 빌딩을 거주 용도에서 오피스 용도로 바꾸는 것은 디자인과 기술적인 어려움으로 인해 쉽지 않다.

Neighborhood Facilities 근린생활시설

Existing **neighborhood facilities** such as clinics and community centers tend to be internalized and offer specific experiences to tenants.
지금의 병원, 지역 문화회관 같은 근린생활시설은 점차 내부화 되는 경향이 있고 임차인들에게 특별한 경험을 제공한다.

Zoning [zóuniŋ] 지역, 구역

Building permit applications are currently being reviewed for compliance with the new **zoning** system.

준공허가 신청서는 현재 새로운 지역 시스템에 맞게 검토되고 있다.

Usage of Space 사용 용도

A tenant has freedom in **usage of space** for the area being leased.

임차인은 임대된 공간에 대한 사용 용도에 대한 자유를 가지고 있다.

Usage Change 용도변경

A **usage change** must have written consent from the lessor.

용도변경 절차는 일반적으로 임대인의 서면 승인이 필요하다.

Pro Rata Share 구분소유

Tenants have a right to their **pro rata share** of the parking spaces.

임차인은 주차 공간 구분 소유 면적에 대한 권리를 가지고 있다.

1) Overview

임대차계약서가 협의가 완료되면 임차인은 인테리어 공사를 진행할 회사를 선정하게 됩니다. 인테리어 회사들은 빌딩의 규정에 맞게 건축, 전기, 설비, 기계 등의 인테리어 공사 관련 도면을 제출하고 착공 준비를 하게 됩니다. 도면 검토 시에는 각 시설별로 문제가 될 만한 사항들을 검토하고 기존 입주사들이 공사를 하면서 발생했던 문제점들에 대해서도 준비하여 조언을 해줄 필요가 있습니다. 그리고 인테리어 도면은 입주 후에 관리를 함에 있어도 중요한 자료가 되기 때문에 정확한 가이드라인을 주고 검토를 하도록 해야 합니다. 그리고 공사가 완료가 되면 최종 준공 도면을 층별 및 입주사별로 모아놓고 변경 사항과 중요한 특징들을 관리해야 합니다. 시설물의 문제가 생기거나 사고가 발생했을 때 정확한 도면만 숙지하고 있어도 문제를 쉽게 해결할 수 있는 경우도 많이 있습니다.

2) Keywords & Related Phrases with Example Sentences

Illumination [ilùːmənéiʃən] 조도

Proper **illumination** in the workplace helps increase the productivity of tenants.
업무 구역에 적절한 조도는 임차인의 생산성 향상에 도움을 준다.

As-built Drawing 최종 도면, 준공 도면

An **as-built drawing** must be submitted after tenant fit-out.

최종 도면은 인테리어 공사 완료 후 제출해야 한다.

Gross Area 총 임대면적

The **gross area** of a building is the total floor area of a building measured from the outside walls.

총 임대면적은 외벽선으로부터 측정한 빌딩의 모든 층의 면적이다.

Rentable Area 임대가능면적

Area calculations determine the **rentable area** available in a building.

면적 계산이 빌딩에서 임대 가능한 면적을 결정한다.

Leasable Area 임대가능면적

Landlords usually set a unit price per square meter of gross **leasable area** made available to tenants.

임대인은 보통 임차인에 제공 가능한 총 임대가능 면적의 제곱미터당 면적 단가를 설정한다.

Usable Area 전용 면적

The **usable area** is the actual area of a floor that can be occupied.

전용 면적은 층을 실제로 점유하는 면적이다.

Net Leasable Area 전용 면적

Net **leasable area** is the area of a building that can be leased to a tenant.
전용 면적은 임차인에게 임대가 가능한 빌딩의 면적이다.

Common Area 공용 면적

The building **common area** includes the area used to provide services
to tenants.
빌딩의 공용 면적은 임차인에게 서비스를 제공하기 위해 사용되는 빌딩의 면적
을 포함한다.

Floor Plan 평면도

It is important to incorporate a **floor plan** of the premises in the lease
as it can reduce misunderstandings in the area calculation.
계약에 임대 공간의 평면도를 포함하는 것은 면적 계산의 오류를 최소화 할 수
있기 때문에 매우 중요하다.

Wall Finish 벽체 마감

A tenant fit-out plan should describe the construction of all walls
including the **wall finish** material.
임차인의 인테리어 공사 계획은 벽체 마감을 포함한 모든 벽의 시공에 대해 기
술해야 한다.

Light Fixtures 조명 기구

Most of the leases replacement of interior bulbs in **light fixtures** are the tenant's responsibility.
대부분의 임대에서 인테리어 조명 기구의 교체는 임차인의 책임이다.

Ceiling Height 천정 높이

A 3-meter **ceiling height** is another core differentiating feature of the ABC Building.
3 미터 높이의 천정은 ABC 빌딩의 다른 핵심적인 차별점이다.

Ceiling Tile 천정 타일

The tenant should provide access to all areas including direct access to any fire sprinkler valve through moveable **ceiling tiles**.
임차인은 점검 가능한 천정 타일을 통해 화재용 스프링클러 밸브에 직접 접근 가능하도록 하는 것을 포함하여 모든 공간에 대한 접근을 허용해야 한다.

Demising Walls 경계벽

Demising walls are walls that separate the tenants' area and common areas in a building.
경계벽은 임차인과 다른 임차인간의 공간을 구분하고 빌딩의 공용 공간을 구분하는 벽이다.

Preliminary Drawing 기획 도면

A **preliminary drawing** submission is recommended as a part of the drawings approval process of the building.

기획 도면의 제출은 빌딩의 도면 승인 절차의 한 부분으로 권장된다.

Space Planning 공간 계획

A project management team will offer **space planning** assistance at no cost to the prospective tenant.

프로젝트 관리팀은 가망 임차인에게 공간 계획에 대한 도움을 무료로 제공할 것이다.

1) Overview

입주사의 인테리어 공사로 인해 빌딩에 먼저 입주하고 있는 다른 임차인들에게 업무상 불편을 주거나 방해를 해서는 안됩니다. 대부분의 빌딩 공사 가이드 라인에는 소음 및 먼지 등 불편을 끼칠 수 있는 공정들은 야간이나 주말을 이용하여 진행하도록 되어 있습니다. 그리고 공사시에 작업자 이동 동선을 분리하고 공사 자재들이 이동하는 곳을 철저하게 보양 작업을 한 후에 진행할 수 있도록 관리해야 합니다. 인테리어 회사들은 대개 시간이 많이 늘어날수록 비용이 증가하기 때문에 최대한 작업을 빨리 마무리 하려고 합니다. 그래서 공사 규정을 준수하지 않고 무리하게 작업을 진행할 수도 있기 때문에 규정에 어긋난 경우에는 공정 중지나 퇴거 등의 조치를 통해서 강력하게 통제를 할 필요도 있습니다.

2) Keywords & Related Phrases with Example Sentences

Mover [múːvər] 이삿짐 운반업자

The landlord shall have the right to approve or reject the **movers** or moving company employed by the tenant.

임대인은 임차인에 의해 고용된 이삿짐 운반업자나 운송회사를 승인하거나 거절할 권리를 가지고 있다.

Site Inspections 현장 점검

Site inspections will ensure that all parties involved are aware of the specific condition of the building prior to interior fit-out construction.

현장 점검은 인테리어 공사기간 전에 참여한 당사자들이 빌딩의 구체적인 상태를 확인할 수 있게 해준다.

Water Leak Detection System 누수 감지 시스템

A **water leak detection system** monitors all areas containing plumbing devices and outlets in a building.

누수 감지 시스템은 빌딩의 배관 장비나 콘센트 포함하여 모든 영역을 감시한다.

Property Insurance 재산종합보험

Property insurance is designed to cover the specific needs of a tenant occupied space.

재산종합보험은 임차인이 점유한 공간에 대한 특정한 요구를 보장하도록 설계된다.

Performance Bond 이행보증보험

Instead of taking a deposit from a tenant that is equal to ten months rent, a tenant can submit an insurance product such as a **performance bond**.

10개월 분에 임대료에 해당하는 보증금을 임차인으로부터 받는 대신, 임차인은 이행보증보험 같은 보험 서류를 제출할 수 있다.

Inspection [inspékʃən] 점검

A property manager can conduct regular property **inspections** to ensure that the lease agreement is being met and that the property is being kept in a reasonable state.

자산관리자는 임대차 계약이 잘 준수되고 있는지 그리고 자산이 적정한 상태에 있는지를 확인하기 위해 정기적인 자산실사를 진행할 수 있다.

Insulation [insəléiʃən] 단열 및 방음

Improving the thermal **insulation** of a building is the most cost-effective way of saving energy and reducing heating and cooling costs.

에너지를 절감하고 냉난방 비용을 줄이는 가장 효과적인 방법은 빌딩의 단열을 개선하는 것이다.

Drywall 석고판

Drywall is used for the interior of partitions and ceilings and is pressed between thick paper sheets.

석고판은 파티션과 천정의 인테리어로 사용되는 것이고 두꺼운 종이를 압착하여 만들어진 것이다.

Move-in 이사

The tenant area inspection report should reflect the condition of the property at **move-in** and move-out.

임차인 공간 조사 보고서는 입주와 이사 시점의 자산상태를 반영해야 한다.

Slab-to-slab 슬라브에서 슬라브까지의 높이

The typical **slab-to-slab** height of the prime office building is 3.60 meters.

보통 프라임 오피스 빌딩의 전형적인 슬라브에서 슬라브까지 높이는 3.6 미터 이다.

Ceiling Height 천정고

The office space should have a **ceiling height** that provides long-term flexibility for future floor plan changes.

오피스 공간은 미래 공간 계획의 변화를 위해 장기적으로 유연성을 가질 수 있도록 충분한 천정 높이를 가지고 있어야 한다.

Clear Height 천정 높이

A building's **clear height** is the usable height of a leased space and is measure from the floor to the lowest hanging obstruction.

빌딩 천정 높이는 임대된 공간의 사용 가능한 높이이고 바닥에서부터 가장 낮게 위치한 천정 구조물까지를 측정한다.

Column Spacing 기둥 간격

Office buildings with larger **column spacing** are more flexible and makes it easier to plan the office space.

넓은 기둥 간격을 가진 오피스 빌딩은 더욱 유연하고 업무 공간에 대한 계획을 쉽게 해준다.

Loading Dock 집하장

The **loading dock** is open Monday through Saturday from 7:00am until 7:00pm and is located on B4 of the building.

집하장은 월요일부터 토요일 까지 아침 7시부터 저녁 7시까지 개방되고 지하 4층 빌딩에 위치하고 있다.

Tenant Construction Application 임차인 공사 신청서

The tenant should complete the plans and specifications required for the design review and then submit a **tenant construction application** form before construction.

임차인은 디자인 검토를 위한 도면과 시방서를 준비해야 하고 공사 시작 전에 임차인 공사 신청서를 제출해야 한다.

Millwork [mílwɔ̀:rk] 목제품

Millwork is any wood-working material that is crafted for interior decorating and finishing purposes.

목제품은 인테리어 장식과 마감의 목적으로 만들어진 목재 제품을 말한다.

Fire Retardant [re-tar-dent] 방염 처리

All wood used in the tenant area should have the required **fire retardant** coating.

임차인 공간에 사용된 모든 나무는 방염 코팅을 해야 한다.

Material Guidelines 자재 가이드라인

The **material guidelines** define the required standard for materials, which is the source used by interior design companies to select the proper materials for the construction.

자재 가이드라인은 모든 자재들의 요구되는 기준들을 규정하고 있어 인테리어 디자인 회사들이 공사에 필요한 적절한 자재를 선택할 수 있다.

Ceiling Air Diffusers 천정형 디퓨저

Ceiling air diffusers are designed to be removed and changed without disconnecting any ductwork.

천정형 디퓨저는 덕트를 분리하는 작업 없이 제거하고 변경할 수 있도록 디자인 되었다.

Side-wall Diffusers 측면벽 타입 디퓨저

The **side-wall diffusers** are located at the bottom of the corridor wall.

측면벽 타입 디퓨저는 복도벽 아래에 위치해 있다.

Window Shade 창문 블라인드

The tenant removed all of the old **window shade** in order to install the new window interior.

임차인은 새로운 창문 인테리어를 위해 기존의 창문 블라인드를 모두 제거했다.

Chapter 3. 오피스 빌딩의 임대 관리
(Office Building Lease Management)

Topic 1 임차인의 관리 (Tenant Management)

1) Overview

임차인이 입주를 하면 입주사별로 비상 연락망을 만들고 담당자의 연락처를 주기적으로 업데이트해야 합니다. 그리고 빌딩에서 일어나는 일에 대한 각종 공지 메일이나 통지 사항을 수신할 담당자를 확인해야 합니다. 또한 임차인들과 정기적으로 미팅이나 식사를 하면서 회사의 근황이나 불편 사항 혹은 운영에 대한 개선 사항들에 대해서 들어보고 이를 빌딩 운영에 반영할 수 있어야 합니다. 임차인과의 좋은 관계를 유지한다면 입주사 만족도 또한 높아질 수 있다는 것을 염두해 두고 임차인 관리에 많은 노력을 기울일 필요가 있습니다.

2) Keywords & Related Phrases with Example Sentences

Move-in 입주

Most landlords will require a security deposit before tenant **move-in**.
대부분의 임대인은 입주전에 보증금을 요구할 것이다.

Welcome Gift 입주 선물

A **welcome gift** is a kind gesture to help establish a positive relationship with your anchor tenants.

입주 선물은 주요 임차인들과의 좋은 관계를 형성해 주는 일종의 제스처이다.

Tenant Relations 임차인 관계

One of the most important roles of a property manager is to maintain good **tenant relations**.

자산관리자의 중요한 역할 중에 하나는 좋은 임차인 관계를 유지하는 것이다.

Tenant Visitation Program 임차인 방문 프로그램

One task of tenant relations is to implement a **tenant visitation program** and maintain close relationships with current and prospective tenants alike.

임차인 관계 관리 중 한 가지 의무는 임차인 방문 프로그램을 진행하고 현재 임차인이나 가망 임차인과 긴밀한 관계를 유지하는 것이다.

Tenant Contact List 입주사 연락망

A property manager should prepare and update the **tenant contact list** upon occupancy of a new tenant.

자산관리자는 새로운 임차인이 입주하면 입주사 연락망을 준비하고 업데이트해야 한다.

Tenant Handbook 입주사 안내 책자

The **tenant handbook** is designed to explain the rights and responsibilities of all tenants and landlords of the building.

입주사 안내 책자는 모든 임차인과 빌딩 임대인의 권리와 의무에 대해 설명하기 위해 만들어졌다.

Tenant Satisfaction 입주사 만족

Tenant satisfaction often depends on your ability to effectively and efficiently respond to a tenant's service request.

입주사 만족은 임차인의 서비스 요청에 효과적이고 효율적으로 응대하는 능력에 달렸다.

Tenant Survey 입주사 만족도 조사

The property manger should regularly contact all the tenants and invite them to take part in **tenant surveys**.

자산관리자는 정기적으로 모든 임차인들과 연락을 하고 입주사 만족도 조사에 참여할 수 있게 해야 한다.

Rent-roll 렌트롤, 임대계약 및 임차료 현황

Rent-roll is a tally of the total monthly rent possible for the building and is usually prepared by the current building owner and property manager.

렌트롤은 빌딩의 월간 임대료의 기록이고 보통 현재 임대인이나 자산관리자가 준비를 한다.

Stacking Plan 층별 임대현황

Property managers need to create a **stacking plan** that lists the tenants' names in an office building by the amount of space occupied per floor.

자산관리자는 오피스 빌딩을 층별로 얼마만큼 사용하는지 임차인 이름이 정리된 층별 임대현황을 작성해야 한다.

Tenant Relationship 임차인 관계 관리

Property mangers should discuss problems with tenants and try to negotiate solutions to keep good **tenant relationships**.

자산관리지는 임차인과 문제에 대해 논의하고 해결책을 협의하려 노력하여 임차인과의 관계를 좋게 유지해야 한다.

Renewal [rinjúːəl] 재계약

Lease **renewals** are more easily negotiated when tenants are satisfied with the building service during their existing term.

임차인이 입주기간 동안 빌딩 서비스에 만족하면 임차인과 재계약 협의를 더욱 쉽게 할 수 있다.

Duration of Lease 임대 기간

Based on the lease agreement, the maximum **duration of lease** is 10 years and renewable for another 5 years on expiration.

임대차 계약에 근거하여 최장 임대 기간은 10년이고 임대차 종료 후 5년 연장이 가능하다.

Topic 2 근저당권 등 각종 권리 설정
(Keun-mortgage and Leasehold Rights)

1) Overview

임대차계약서를 체결하면 임차인은 보증금을 납부하게 됩니다. 입주 후에 보증금과 임차에 대한 권리를 확정하기 위해서 임차인은 근저당권, 임차권, 전세권 등을 설정하기도 합니다. 임대차계약서에 따라 다르긴 하지만 이런 권리 설정을 위해서 보통 법무법인이나 법무사 등을 통해 업무를 진행합니다. 임차인에게 위와 같은 권리 설정을 해준 임차인이 퇴거를 하면 반드시 임대차보증금 반환과 동시에 권리 설정을 해지해야 합니다. 여러 가지 종류의 권리 설정을 할 수 있지만 오피스 빌딩에서는 업무 편의상 근저당권을 주로 설정을 하게 됩니다. 간혹 외국계 임차인들은 보증금에 익숙하지 않아 이런 권리 설정 대신 은행의 보증을 이용하거나 보증금에 대한 질권을 설정하는 사례도 있습니다.

2) Keywords & Related Phrases with Example Sentences

Guarantor [gǽrəntɔ́ːr] 보증인

If the tenant doesn't meet the leasing criteria a landlord will require a **guarantor** serving on behalf of the tenant.

만약 임차인이 임대기준에 적합하지 않으면 임대인은 임차인에 대한 보증인을 요구할 수 있다.

Power of Attorney 위임장

A **power of attorney** is a legal document that allows you to appoint an individual to take control of affairs on your behalf.

위임장은 당신을 대신해서 업무를 처리할 수 있도록 개인을 지정하는 법적인 문서이다.

Chonsei Kwon 전세권

The **Chonsei kwon** comes into effect upon registration and Chonsei registration should be renewed when the lease term is renewed.

전세권은 등록 후에 효력이 발생하고 재계약 이후에는 전세권도 다시 설정해야 한다.

Leasehold Rights 임차권

After termination, all tenant **leasehold rights** under this agreement shall be forfeited.

계약이 종료된 후, 이 계약에 따라 모든 임차인의 임차권은 소멸될 것이다.

Surface Rights 지상권

Surface rights are ownership rights in a portion of real estate that is limited to the surface and does not include air rights or subsurface rights.

지상권은 부동산의 일부분 중 지상에 대한 소유권만을 의미하여 공중권이나 지하권에 대한 권리를 포함하지 않는다.

Bank Guarantee 은행 보증

A tenant can submit a **bank guarantee** instead of paying the deposit in cash.

임차인은 보증금을 현금으로 내는 대신 은행 보증을 제출할 수 있다.

Pledge Rights 질권

A pledgee has an implied **pledge right** to confiscate and/or sell the pledged property in the event of a pledgor default.

질권자는 질권설정자의 채무불이행시에 질권 설정된 자산을 압수하거나 팔수 있다.

Letter of Credit 보증서

A tenant may request that the landlord accept a **letter of credit** instead of a key money deposit.

임차인은 임대인에게 보증금 대신 보증서를 받아줄 것을 요청할 것이다.

Parent Company Guarantee 모회사 보증

A landlord should always run a credit check of the tenant and ask for a **parent company guarantee**, if necessary.

임대인은 항상 임차인의 신용도 조사를 하고 필요하면 모회사 보증을 요청해야 한다.

Deed Recording Fee 등기 수수료

A **deed recording fee** will be charged by the government to record the deed into the public record.

등기 수수료는 권리를 공적장부에 기록하기 위해 정부가 부과한다.

Joint Tenancy 공동 소유권

In a **joint tenancy**, each owner owns an equal share of the property and have equal rights and responsibilities.

공동 소유권에서 각각의 소유자는 자산의 동등한 소유권을 가지며 동등한 권리와 의무가 있다.

Registry Office 등기소

You need to bring your lease agreement with the Chonsei lien agreement to the local **registry office** in order to register the Chonsei lien.

전세권을 등록하기 위해서 등기소에 전세권 설정 계약서와 함께 임대차계약서를 가지고 가야 한다.

A Certificate of Seal-impression 인감증명서

When an important agreement is to be signed, you need a **certificate of seal-impression**.

중요한 계약을 체결하려면 인감증명서가 필요하다.

Topic 3 연체의 통지 및 대금 회수
(Delinquency Notice and Collection)

1) Overview

임차인이 임대료와 관리비를 납부하지 않으면 이에 대해 적절하게 통지를 할 필요가 있습니다. 처음 임대료와 관리비 납부를 하지 않았다면 이메일이나 전화로 통지합니다. 그리고 계약서에 따라 연체가 특정 횟수를 넘게 되면 내용 증명이나 공식적인 문서로 연체 내용을 통지할 필요가 있습니다. 이런 공문들은 나중에 명도 소송때 공식적인 서류로도 사용될 수 있습니다. 그리고 연체대금 회수 시에는 연체료 감면기준도 적절하게 세워놓고 소액의 연체대금은 담당자의 권한으로 면제를 해줄 수 있도록 하는 것이 좋습니다. 다만, 빈번한 연체가 발생하는 임차인은 연체료 부과와 함께 계약서에 따라 주기적으로 통지를 해서 계약 해지 요건임을 알리고 연체료를 회수할 수 있도록 해야 합니다.

2) Keywords & Related Phrases with Example Sentences

Delinquency [dilíŋkwənsi] 연체

A landlord should send a notice of **delinquency** immediately because serious and prolonged delinquencies can lead to default.

임대인은 연체 공문을 즉시 보내야 한다. 왜냐하면 심각하고 장기화된 연체는 임차인의 계약 불이행이 될 수 있기 때문이다.

Offset [ɔ́ːfsèt] 상계하다, 상쇄하다.

The key money deposit will not be used by the tenant to **offset** any delinquency and restoration costs.

보증금은 임차인이 연체료나 원상복구 비용으로 상계할 수 없다.

Deduct [didʌkt] 차감하다, 공제하다.

A landlord will **deduct** the cost of tenant-caused damage or delinquent rent from the key money deposit.

임대인은 임차인에 발생된 손상이나 연체료를 보증금으로부터 차감할 것이다.

Replenish [ripléniʃ] 다시 채우다, 보충하다.

If a deduction from the key money was made by the landlord, the tenant needs to **replenish** the amount within 10 days.

만약 임대인이 보증금을 차감했다면 임차인은 그 만큼의 보증금을 10일안에 다시 채워 넣어야 한다.

Late Notice 연체 통지

A landlord will send tenants a **late rent notice** to prompt them to pay delinquent and late fees.

임대인은 임차인에게 연체 대금과 연체료 납부를 독려하기 위해 임대료 연체 통지를 보낼 것이다.

Tenant Default 임차인 채무불이행

Under the lease agreement, one kind of **tenant default** is a failure to pay 3 months of rent on a timely basis.

임대차계약서상의 임차인 채무불이행 중의 하나는 3개월분의 임대료를 제때 내지 못하는 것이다.

Interest Income 이자수입

At the end of the lease agreement, the key money will be returned to tenant but **interest income** earned is kept by the landlord.

임대차계약 종료 시, 보증금은 임차인에게 반환되지만 보증금 이자수입은 임대인이 가져간다.

Late Fee 연체료

The tenant can be charged a **late fee** if the rent and maintenance fees are paid after the due date.

임차인이 납부기일 이후에 임대료와 관리비를 납부하면 임차인에게 연체료가 부과될 것이다.

Overdue Amount 연체된 대금

Landlords must never neglect to follow up on **overdue amounts** when tenants start to have difficulties paying rent and maintenance fees.

임대인은 임차인이 임대료와 관리비 납부에 어려움을 겪기 시작할 때 연체대금 독촉과 후속 조치를 게을리 하지 말아야 한다.

Delinquent Sum 총 연체대금

If the tenant cannot pay the rent on time, five percent of the **delinquent sum** will be charged as a late fee.

만약 임차인에 제때 임대료를 내지 않으면 총 연체대금의 5%가 연체료로 부과될 것이다.

Deduction Notice 차감 통지 공문

A landlord will send a **deduction notice** to tenants within 5 working days after offsetting the key money deposit.

임대인은 보증금 차감 이후 5영업일 이내에 임차인에게 차감 통지 공문을 발송할 것이다.

Delinquent Tenant 연체 임차인

If the property has **delinquent tenants**, the landlord will spend time and money to evict those tenants.

만약 연체 임차인이 있다면 임대인은 그런 임차인 퇴거를 위해 시간과 비용을 사용하게 될 것이다.

Topic 4 임대료 및 관리비의 조정
(Adjustment of Rent and Maintenance Fee)

1) Overview

임대차계약서에는 임대료 및 관리비를 조정하는 조항이 포함되어 있습니다. 보통 임대료는 입주 시기를 기준으로 매년 인상률을 적용하여 조정하게 됩니다. 인상률은 임차인의 계약 기간이나 조건에 따라 다르게 책정됩니다. 관리비의 경우에는 모든 임차인들에게 동일한 단가가 적용되기도 하지만 빌딩에 따라 다른 정책을 사용하기도 합니다. 보통, 관리비의 인상일은 매년 1월 1일 기준입니다. 관리비는 고정된 비율로 인상을 하기도 하지만 소비자물가지수(CPI)나 협의 하에 조정하는 기준을 흔히 사용합니다.

2) Keywords & Related Phrases with Example Sentences

Rent [rent] 임대료

A landlord can increase the **rent** by five percent every year after giving a written notice 30 days before the effective date.

임대인은 임대개시일 30일전에 서면 통지를 한 후 매년 5%의 임대료를 인상할 수 있다.

Common Area Maintenance (CAM) 관리비

CAM charges will be adjusted annually to reflect the actual increase in the CPI index from the previous years.

관리비는 매년 전년도 실제 소비자물가상승률을 반영하여 조정할 수 있다.

Escalation [èskəléiʃən] 인상

According to the rent **escalation** clause, the tenant has to pay a higher aggregate rent by an adjustment to the annual base rent.

임대료 인상 조항에 의해 임차인은 연간 기준 임대료의 조정에 따라 누적된 높은 임대료를 내야한다.

Prior Notice 사전 통지

For rent escalation, a landlord should give the tenant **prior notice** of 3 months before the effective date.

임대료 인상을 위해서 임대인은 효력 발생일 3개월 전에 임차인에게 사전통지를 해야 한다.

Registered Mail 등기 우편

An important notice to tenants must be served by certified or **registered mail**.

임차인에게 중요한 통지는 등록 또는 등기 우편으로 발송해야 한다.

Inflation Rate 물가 인상률

CAM will be increased on January 1 based on an **inflation rate** of 3%.

3% 물가 인상률을 적용하여 관리비는 1월 1일자로 인상될 것이다.

Break-even Point 손익분기점

Percentage rent of retail tenants is based on total sales over the **break-even point**.

리테일 임차인의 수수료 연동임대료는 손익분기점을 넘는 총매출을 기준으로 한다.

Pass-throughs 임차인에게 부과되는 운영 비용

Pass-throughs are transferred operating expenses from landlords to tenants.

패스 스루는 임대인으로 부터 임차인에게 전가된 운영 비용이다.

Topic 5 제소전화해와 명도소송 (Pre-trial Settlement and Eviction Suit)

1) Overview

신용도가 낮은 임차인이 입주를 하거나 입주 기간 중에 임대료 및 관리비의 연체가 발생하는 임차인이 있다면 제소전화해 체결을 고려해야 합니다. 제소전화해란 명도 소송 제기 전에 당사자가 화해를 하는 것을 말합니다. 제소전화해조서를 체결하면 화해 조서의 내용에 당사자가 미리 합의를 한 것으로, 보통 오피스 빌딩에서는 임대료 등의 연체로 인한 명도 소송을 대비한 화해조서 체결을 하게 됩니다. 제소전화해의 체결만으로도 임대인은 불량 임차인에 대한 안전장치를 가지게 됩니다. 실제로 제소전화해 없이 명도 소송을 할 경우에는 시간이 많이 걸리고, 그 기간 동안 보증금은 차감되고 원상 복구 비용 마저도 부족하게 되어 결국 임대인의 손실 금액이 커지게 됩니다.

2) Keywords & Related Phrases with Example Sentences

Attorney [ətə́ːrni] 변호사

Property management may give rise to many instances where an **attorney** is required to help see the property owner through a situation.

자산관리는 다양한 상황에서 자산소유자를 도울 수 있는 변호사가 필요한 경우가 많아 질 것이다.

Pre-trial Settlement 제소전화해

The tenants agreed to a **pre-trial settlement** to terminate the lease agreement and avoid settling the matter in court.

임차인은 3개월의 연체가 발생했을 때 임대차계약을 해지하는 것에 대한 제소 전화해 체결에 동의했고 법적 소송을 막을 수 있게 되었다.

Eviction Notice 명도 통지

An **eviction notice** should be sent to the tenant via certified mail.

명도 통지는 등기 우편으로 발송되어야 한다.

Eviction Suit 명도 소송

A notice of an **eviction suit** will be filed if the tenant fails to pay 3 consecutive months of rent.

만약 임차인이 3개월 연속으로 임대료를 납부하지 못하면, 명도 소송 공문이 발송 될 것이다.

Provisional Seizure 가압류

Due to the delinquency, a property manger may request the court to provide **provisional seizure** of the tenant's assets.

연체로 인해 자산관리자는 임차인의 재산에 대한 가압류를 법원에 요청했다.

Legal Fee 법률 검토 수수료

The initial cost is a KRW 1,000,000 **legal fee** for reviewing the lease agreement for tenants.

초기 비용은 백만 원으로 임차인의 임대차 계약 검토를 위한 법률 검토 수수료가 있다.

Surrender [səréndər] 해약, 해지

A **surrender** of lease is an agreement to return the premises to the landlord before the expiration of the lease.

계약의 해지는 임대차 계약이 종료되기 전에 임대인에게 임대 공간을 되돌려 주는 계약이다.

Topic 6 원상복구의 협의

(Negotiation for Restoration of the Premises)

1) Overview

임대차계약이 종료되면 사용하던 사무실의 원상복구를 하게 됩니다. 오피스 빌딩의 원상 복구의 개념은 다음 임차인이 들어올 수 있도록 원래 상태로 임대공간을 회복시키는 것입니다. 입주 당시 회사의 규정이나 이미지에 맞게 벽면의 도장이나 천정, 바닥 등에 인테리어를 했으면 이를 원래 빌딩의 기본 디자인으로 변경을 해야 합니다. 처음 입주 때 만큼은 아니지만 원상 복구 공사에도 비용이 들기 때문에 이에 대한 고려도 해야 합니다. 특히, 원상복구 완료가 보증금 반환의 조건이기 때문에 이를 위해서라도 임대인과 임차인이 합의된 수준의 원상복구 조건을 잘 알고 있어야 합니다.

2) Keywords & Related Phrases with Example Sentences

Eviction [ivíkʃən] 퇴거, 명도

Eviction is the process used by landlords to recover possession of leased property from tenants who fail to pay rent.

명도는 임대료를 내지 못한 임차인으로부터 임대 공간의 소유권을 반환 받는 절차이다.

Deposit Refund 보증금 반환

When tenants complete the restoration work they can request a **deposit refund** from landlord.

임차인이 원상복구를 완료하면 임대인에게 보증금 반환을 요구할 수 있다.

Restoration Obligation 원상복구 의무

The **restoration obligation** is the tenant's requirement to restore the leased premises at the end of the lease term.

원상복구 의무는 임차인이 임대기간이 종료되어 임대공간을 원상 회복하도록 요구하는 것이다.

Early Termination 조기 임대차 해지

Most office leases may require the tenant to pay a penalty for **early termination**.

대부분의 사무실 임대차 계약은 조기 임대차 계약 해지로 인한 패널티를 임차인이 납부하도록 요구한다.

Part

오피스 자산관리 기초 지식 쌓기
(Preparation for Operation and Lease Agreement)

Chapter 1. 각종 운영 규정 및 보고서의 작성
(Operation Manuals and Reporting)

Topic 1 월간운영보고서 (Monthly Operation Report)

---

1) Overview

오피스 빌딩의 PM Manager는 1년간의 운영 계획을 바탕으로 매달 수입과 지출에 대한 내역을 정리하여 운영 보고서를 작성합니다. 월간 운영보고서에는 기본적으로 재무적인 사항에서 부터 해당 기간 동안 진행한 공사나 수선에 대한 내용, 임대차 마케팅 현황 등 한달 동안 오피스 빌딩의 현황을 일목요연하게 볼 수 있도록 정리한 내용 등이 포함됩니다. 이런 운영 보고서를 통해 예산 대비 실적을 비교해 보고 반기별 또는 분기별 계획을 예측해 볼 수 있습니다.

2) Keywords & Related Phrases with Example Sentences

Revenue [révənjùː] 수입

Most of the office building **revenue** comes from the rental income generated from anchor tenants.

대부분 오피스 빌딩의 수입은 주로 대형 임차인들의 임대료와 관리비로부터 나온다.

Expense [ikspéns] 비용

Building **expenses** should be monitored closely to ensure the annual operating budget is met.

빌딩의 비용은 연간 운영 예산에 맞는지 세심하게 관리해야 한다.

Vacancy and Collection Allowance 공실 및 미수금 비용

When you prepare a budget, you need to consider 5~10% **vacancy and collection allowance**.

예산을 준비할 때 5~10% 정도의 공실 및 미수금 비용을 고려할 필요가 있다.

Operating Expenses 운영 비용

For office buildings, utility bills are about 25% of total **operating expenses**.

오피스 빌딩에서 수도광열비는 총 운영 비용의 약 25%를 차지한다.

Interest Expense 이자 비용

A current market with low interest rates gives way for lower **interest expenses**, which is attractive to borrowers.

최근 대출자들을 유인할 수 있는 낮은 시장 이자율은 대출자들에게 낮은 이자 비용을 제공한다.

Depreciation & Amortization 감가상각과 상각

Depreciation & amortization are both non-cash charges that are excluded from net operating income.

감가상각과 상각은 둘 다 비현금비용이어서 순 운영수익에서 제외된다.

Corporate Overhead Cost 간접비

Corporate overhead cost is the cost of running a company and should be included in property management fee.

회사 간접비는 회사를 운영하기 위한 비용이고 자산관리 수수료에 포함되어야 한다.

Net Operating Income (NOI) 순운영수입

Net operating income is the amount of income that goes to the property owners after operating expenses are deducted.

순운영수입은 소유주에게 돌아가는 수입으로 운영 비용을 제외한 것이다.

Capital Expenditures (CAPEX) 자본적지출

Capital expenditures are irregular expenses for major repairs and replacements in the building.

자본적지출은 빌딩의 주요 수선과 교체를 위해 발생하는 불규칙적인 비용이다.

Forecast 예상, 예측

A monthly report shows the projected revenue growth for the commercial building and vacancy **forecast** for competitive office buildings.

월간보고서에서 상업용 빌딩의 예상되는 수입의 증가와 경쟁 오피스 빌딩의 예상 공실률을 볼 수 있다.

Operating Deficit 운영 적자

Office buildings in the Seoul, Kangnam area experienced a slight **operating deficit** of 2%.

서울 강남지역의 오피스 빌딩은 2% 정도의 가벼운 운영 적자를 나타냈다.

Origination Costs and Taxes 취득비용과 세금

We usually assume that the **origination costs and taxes** for office buildings are 5% of the acquisition amount.

보통 오피스 빌딩의 취득비용과 세금은 매입비용의 약 5%라고 가정한다.

Vacancy Loss 공실 손해

One of the most important roles of the property manager is securing qualified prospective tenants and minimizing **vacancy loss**.

자산관리자의 중요한 역할중의 하나는 적합한 가망 임차인을 확보하고 공실 손해를 줄이는 것이다.

Capital Improvement 자본적 투자

Capital improvement includes construction, repair, or improvement of buildings or grounds.

자본적 투자는 공사, 수선 또는 빌딩과 대지의 개선을 포함한다.

Reserve Fund 유보금

The **reserve fund** may have two types of reserves; a capital reserve and a non-capital reserve such as a contingency.

유보금은 두 가지가 있는데 하나는 자본 준비금과 돌발비용과 같은 비자본적 준비금이 있다.

Variable Expenses 변동 비용 (임대율에 따라 변하는 비용 수도료 등)

Variable expenses are expenses that will change depending on the number of tenants in the building such as utilities and janitorial service fees.

변동 비용은 수도광열비과 미화 서비스 비용 등 빌딩의 임차인 수의 변동에 따라 부과되는 비용을 말한다.

Yearly Progress Report 연간 경과보고서

The property manager is required to submit a **yearly progress report** to the landlords on issues relating to the office building capex work.

자산관리자는 빌딩의 자본적 지출 공사와 관련된 사항에 대해 임대인에게 연간 경과 보고서를 제출해야 한다.

Topic 2 사고보고서 (Incident Report)

1) Overview

빌딩에서 긴급한 상황이 발생했거나 문제가 생겼을 때는 이를 처리하기 위해 최종 의사결정자에게 상황을 정확하게 전달할 필요가 있습니다. 오피스 빌딩에서는 시설물의 고장 또는 사고, 차량의 사고, 낙상이나 부주의로 인해 다치는 사고 등 다양한 일들이 일어납니다. 이럴 때 사고보고서를 작성하여 보고를 하게 됩니다. 이런 사고보고서를 통해 어떤 사고들이 많이 발생하는지 확인을 하고 향후 빌딩 운영에 도움이 될 수 있는 아이디어로 활용하기도 합니다.

2) Keywords & Related Phrases with Example Sentences

Incident Reporting Form 사고 보고 양식

FM contractors and interior contractors are required to submit an **incident reporting form** for any incidents in the building.
시설관리자와 인테리어공사 업체는 빌딩에서 발생한 모든 사고에 대해 사고 보고 양식에 맞춰 보고서를 제출해야 한다.

As-needed Basis 필요한 즉시 기준

Accident reports should be provided on an **as-needed basis** before any work is approved.
어떤 작업이 승인되기 전에 사고보고서는 즉시 제출되어야 한다.

Blackout 정전

The building is equipped with an emergency power generator in the event of a **blackout**.

빌딩은 정전시를 대비한 비상발전기를 보유하고 있다.

Water Leak 누수

The **water leak** happened near the corner of the building in the parking lot.

주차장내의 빌딩 코너 부분에서 누수가 발생하였다.

Fall Accident 낙상 사고

The most common accident in an office building is a parking lot slip and **fall accident**.

대부분의 빌딩의 사고는 주차장에서 미끄러지거나 낙상하는 사고이다.

Chapter 2. 자산관리 일반
(Introduction to Property Management)

> **Topic 1 보험 증서의 요청 (Request for Insurance Certificate)**

1) Overview

보험의 가장 유용한 가치 중에 하나는 만에 하나 발생할지 모르는 사고에 대비를 해준다는 것입니다. 사고가 나지 않는다면 쓸모없는 비용이 될 수도 있겠지만 실제로 위험한 상항에 처해 보상을 받게 되면 보험의 효용을 실감할 수 있습니다. 오피스 빌딩에서는 인테리어 공사를 하거나 수선 공사 등을 할 때 발생할 수 있는 손해를 담보할 수 있도록 공사업체에 공사와 관련된 보험 증서를 제출하도록 요구를 하기도 합니다. 이외에도 임차인이 입주기간 동안에 건물에 손해를 끼칠 수 있기 때문에 이를 담보해 줄 영업배상책임보험을 제출해야 할 때도 있습니다.

2) Keywords & Related Phrases with Example Sentences

Deductible [didʌktəbl] 자기부담금, 공제할 수 있는

Most property insurance policies contain a amount assigned as the **deductible** provision.
대부분 자산보험증서는 자기부담금 조항으로 정해진 금액을 포함하고 있다.

Lien [líːən, liən] 담보권, 권리

A **lien** gives a person or company a right over someone else's property.

담보권은 개인이나 회사가 다른 사람의 자산에 대한 권리를 갖도록 해준다.

Subrogation [sʌbrəgéiʃən] 대위, 대위변제

The property insurance policy may allow for the exercise of **subrogation** rights.

재산보험 조항은 대위변제를 실행할 수 있게 해준다.

Certificate of Insurance 보험 증서

A **certificate of insurance** should be obtained from all vendors and submitted to the property manager before starting the construction work.

공사가 시작되기 전에 모든 계약자들은 보험 증서를 자산관리자에게 제출해야 한다.

Fire Insurance 화재 보험

Fire insurance is one of the most basic insurance coverages available for mitigating risks with property ownership.

화재 보험은 자산 소유자의 위험을 줄일 수 있는 가장 기본적인 보험 보장 중에 하나이다.

Liability Insurance 책임 보험

Liability insurance covers the cost of damages to the injured party during the building operation as well as the costs associated with accidents during building interior construction work.

책임 보험은 빌딩의 인테리어 공사 중 발생한 사고뿐만 아니라 빌딩 운영 중에 다친 당사자들에 대한 손해비용을 부담한다.

Force Majeure 불가항력

A natural disaster is one example of a **force majeure**.

자연재해는 불가항력의 한 예이다.

Insurance Coverage 보장 한도

Building projects should have sufficient **insurance coverage**.

빌딩 프로젝트는 유효한 보험 보장 한도를 가지고 있어야 한다.

1) Overview

친환경빌딩 인증 중에서도 가장 널리 알려진 것은 미국 그린빌딩위원회인 USGBC의 LEED (Leadership in Energy and Environmental Design)입니다. 최고 등급인 Platinum 부터 Gold, Silver, Certified 4개의 등급으로 나눠져 있습니다. 각 등급별로 해당하는 포인트를 얻게 되면 인증 등급을 받을 수 있습니다. 친환경빌딩의 인증은 대외적인 이미지 제고에도 도움이 되지만 무엇보다도 운영상 에너지 비용을 절감할 수 있어 큰 의미가 있습니다. 친환경 빌딩 인증을 받는 것도 중요하지만 빌딩을 운영하면서 개선할 수 있는 사항이 더 있는지 항상 고민 해볼 수 있어야 합니다.

2) Keywords & Related Phrases with Example Sentences

Leadership in Energy & Environmental Design (LEED)
미국 친환경빌딩인증

LEED is a green building certification program that recognizes best-in-class building strategies and practices.

LEED는 공인된 최고 수준의 빌딩 전략과 관습에 대한 친환경빌딩 인증제도이다.

Green Building Certificate 그린 빌딩 인증

A **green building certificate** has become a key criterion in order for class A office buildings to attract new tenants.

그린 빌딩 인증은 A 등급 빌딩에 있어 새로운 임차인을 끌어들이는 중요한 기준이 되었다.

Thermal Energy 열에너지

The use of **thermal energy** storage (TES) in buildings has recently received much attention in the market.

빌딩의 열에너지 저장소의 이용은 최근 시장에서 많은 주목을 받고 있다.

Water Treatment 정수 처리

One of the main facilities of a green building is an advanced **water treatment** and recycling system.

친환경 빌딩의 주요 시설 중에 하나는 최고의 수처리 및 용수 재활용 시스템이다.

Asbestos Removal 석면 제거

Asbestos removal is an important issue when doing restoration work in a building because asbestos can cause cancer and other health problems.

석면은 암과 다른 건상상의 문제를 유발할 수 있기 때문에 빌딩의 원상 복구에 있어 석면 제거는 매우 중요한 문제이다.

Hazardous Waste 유해 폐기물

Batteries, oil, electronics, and other potentially **hazardous wastes** from office buildings should not be dumped into a regular landfill.

빌딩에서 배출되는 배터리, 기름, 전자제품과 다른 위험 물질을 포함한 쓰레기는 다른 일반 쓰레기들과 함께 매립지에 버려져서는 안 된다.

Energy Reduction 에너지 감축

Recently, most parking lots are installing motion sensor-controlled lights to meet the **energy reduction** plan.

최근 대부분의 주차장에서는 에너지 감축 방안으로 동작감지센서를 설치하고 있다.

Renewable Energy 재생 에너지

The natural environment provides us with **renewable energy** sources that can be converted into usable energy for building facilities.

자연환경은 오피스 빌딩 설비에 사용될 수 있는 재생 에너지 자원을 제공하고 있다.

Recycled Stormwater 빗물 재활용

Landscape areas will be irrigated with **recycled stormwater** collected from the building's roof and site paving.

조경 지역은 빌딩의 지붕과 부지 표면을 통해 모인 재활용된 우수를 통해 관수가 된다.

High-performance Curtain Wall 고성능 커튼월

The **high-performance curtain wall** system can control the heat gain and loss of the buildings.

고성능 커튼월은 빌딩의 열흡수와 방출을 조절할 수 있다.

Advertise Your Green Efforts 친환경빌딩 관련 노력을 홍보하다.

There are some ways to **advertise your green efforts** like newsletters, small signs, and progress reports.

뉴스레터, 작은 간판 그리고 임차인에 대한 경과 보고서 등을 통해 친환경빌딩에 관한 노력들을 홍보할 수 있는 방법들이 있다.

Topic 3 오피스 빌딩의 부가 서비스
(Additional Service for Office Building)

1) Overview

사무 공간의 특성상 한 곳의 오피스 빌딩 내부에 다양한 사람들이 모여 있고 업무 시간에는 멀리 이동하기가 쉽지 않습니다. 이러한 점을 감안하여 오피스 빌딩에 여러 가지 부가 서비스를 업무 환경에 맞게 제공해 주면 입주사들의 빌딩 만족도를 높일 수가 있습니다. 예를 들어, 세차, 구두수선, 택배 배송, 추가 미화 서비스 등 다양한 편의 혜택을 제공하여 편리한 근무 환경을 만들 수가 있습니다.

2) Keywords & Related Phrases with Example Sentences

Car Washing Services 세차 서비스

Prime office buildings offer amenities such as valet parking, **car washing services**, and mail pick up in addition to business related services.
프라임 오피스 빌딩에서는 발렛 파킹, 세차 서비스 그리고 우편물 배송과 같은 다양한 관련 업무 서비스와 함께 편의시설을 제공하고 있다.

Shoe Shine Service 구두 광택 서비스

Most of the office buildings are offering **shoe shine services** for office tenants.
대부분의 빌딩들은 입주사들을 위해 구두 광택 서비스를 제공하고 있다.

Mailbox & Courier 메일함 및 택배 서비스

Main services offered at the business center are secretarial services, telephone, fax, and **mailbox & courier** services.

비즈니스센터는 비서업무, 전화, 팩스, 그리고 우편함 및 택배 등의 주요 서비스를 제공하고 있다.

Amenity [əménəti] 편의시설

Tenants can enjoy the convenience of on-site **amenities** such as a post office, laundry facilities, and bicycle racks.

임차인들은 우체국, 세탁시설 그리고 자전거 보관소 등의 빌딩 편의시설을 이용할 수 있다.

Topic 4 각종 유지보수 계약 및 법정검사
(Maintenance Contracts and Mandatory Inspections)

1) Overview

건물을 운영하다 보면 외부 업체를 통해 정기적으로 업무를 처리하는 게 더 효과적일 때가 있습니다. 이런 종류의 업무들은 주로 전문적인 장비의 유지보수나 건물에서 보유하고 있지 않은 기계나 장비들로 처리해야 하는 업무일 경우에 외부 업체와의 계약을 통해 처리하게 됩니다. 이외에도 빌딩에서는 법적으로 받아야 하는 검사들이 있습니다. 이런 법정검사는 통지서가 발송되기도 하지만 미리 점검 스케줄을 만들어 놓고 이를 관리해야 합니다.

2) Keywords & Related Phrases with Example Sentences

Quotation [kwoutéiʃən] 견적

Property managers can ask for **quotations** from vendors based on full specification documents and plans.

자산관리자는 상세설명서와 계획을 기준으로 업체에 견적을 요청할 수 있다.

Open Bid 공개 입찰

Building owners can benefit from an **open bidding** process when they decide to sell the assets.

빌딩 소유주는 자산을 매각할 때 공개 입찰을 통해 혜택을 누릴 수 있다.

Estimate [éstəmèit] 견적서, 견적을 내다.

An **estimate** is a high-level cost guess whereas a quotation is a more accurate figure based on a detailed analysis of expected costs.

견적서는 높은 수준의 비용 추정인 반면 시세는 예상되는 비용의 세밀한 분석에 기초한 정확한 금액을 말한다.

Service Contract 서비스 계약

It is important to provide facility managers with clear information on **service contracts** and work scope when landlords are considering building renovations.

임대인이 빌딩 개선공사를 고려할 때에 서비스 계약에 대한 명확한 정보와 업무 범위를 시설관리자에게 제공하는 것은 매우 중요하다.

Work Order Requests 작업 지시 요청

Work order requests can be submitted to the property manager by email and telephone.

작업 지시 요청은 이메일이나 전화로 자산관리자에게 제출할 수 있다.

HVAC & MECH SVC Contract Service 공조기 및 설비 유지보수

ABC Company serves nearly every type of commercial, industrial, and institutional buildings with the best **HVAC & MECH SVC contract services** in the Seoul area.

ABC 회사는 서울에서 최고의 공조기 및 설비 유지보수 서비스를 거의 모든 종류의 상업용, 산업용 그리고 기관 빌딩에 제공을 하고 있다.

Safety Inspection Fee 안전 검사 수수료

The type and size of boilers or pressure vessles will determine the frequency of inspections and the associated **saftey inspection fees**.
보일러 또는 압력관의 타입과 크기가 검사의 주기와 관련된 안전 검사 수수료를 결정한다.

Performance Inspection for Boiler 보일러 성능 검사

In a **performance inspection for boilers**, the results are compared with the heating requirements of the building.
보일러 성능 검사 결과는 그 빌딩의 난방 용량과 비교가 된다.

Gas Facilities Inspection 가스 설비 검사

ABC Vendor will provide regular **gas facility inspections** and repair services to the building.
ABC 회사는 빌딩의 정기적인 가스 설비 검사와 수선 서비스를 제공할 것이다.

Inspection of Static Pressure Controller 정압기 분해 점검

Inspection of static pressure controller is very important to maintain a stable supply of city gas.
정압기 분해 점검은 도시 가스의 안정적인 공급을 위해 매우 중요하다.

Septic Tank Cleaning 정화조 청소

According to the law, it is mandatory to conduct a **septic tank cleaning** twice a year.

관련법에 따라 정화조 청소는 매년 2회 의무적으로 시행해야 한다.

Cooling Tower Water Treatment 냉각탑 수질관리

Cooling tower water treatment programs are designed to provide proper chemical water treatment and preventive maintenance for the open recirculation system.

냉각탑 수질관리 프로그램은 적절한 화학적 수질 정화와 개방형 환수 방식의 예방 관리를 위해 설계 되었다.

Indoor Air Quality Test 실내 공기질 테스트

Indoor air quality tests measure VOCs, hidden mold, and formaldehyde in the office area.

실내 공기질 테스트는 사무실내의 휘발성 유기화합물, 숨은 곰팡이 그리고 포름알데히드를 측정한다.

Chiller Tube Cleaning 냉동기 세관

Regular **chiller tube cleaning** will lower the operating costs of a building and extend equipment life.

정기적인 냉동기 세관은 빌딩의 운영비용을 절감하고 장비의 수명을 연장시켜 준다.

Elevator Maintenance 엘리베이터 관리

It is very important to select a company that has standard work practice manuals for **elevator maintenance** and safety procedures.

엘리베이터 유지와 안전절차를 위한 표준 작업 매뉴얼을 가지고 있는 회사를 선택하는 것은 매우 중요하다.

Building Automation System (BAS) 빌딩자동제어시스템

BAS is a computerized system that controls the mechanical systems in a building.

빌딩 자동 제어시스템은 건물의 기계 시스템을 관리하는 컴퓨터화된 시스템이다.

Building Safety Inspection 건축물 안전진단

The property manager is sending out notices to tenants regarding the **building safety inspection**.

자산관리자는 건축물 안전진단에 관한 공문을 임차인들에게 발송했다.

O&M Manual 운영 및 유지 메뉴얼

The facility staff and owner all benefited from the revised **O&M manual** for the chiller.

시설 근무자와 소유자 모두 수정된 냉동기 운영 및 유지 메뉴얼로 인해 도움을 받았다.

Inspection Report 점검 보고서

Please download the annual building **inspection report** via attached link.

첨부된 링크를 통해 연간 빌딩 점검 보고서를 다운로드 받으시기 바랍니다.

Preventive Maintenance 예방 관리

Most well-run office buildings have **preventive maintenance** programs that help ensure the proper functioning of facilities systems.

대부분 잘 운영되고 있는 오피스 빌딩들은 시설 장비의 적절한 기능을 확인할 수 있는 예방 관리 프로그램을 가지고 있다.

Work Order 작업 지시서

Please be sure to follow the appropriate steps when submitting **work order** requests.

작업 지시서를 제출할 때 정확한 절차를 따라주시기를 바랍니다.

Purchase Order (PO) 구매 지시서

The approved **PO** is a legal contract with a vendor to deliver goods or services.

승인된 구매 지시서는 업체가 상품 혹은 서비스를 제공한다는 법적인 계약이다.

Corrective Maintenance 고장 수리

Property managers can rely on the facilities management system to keep the buildings in good standing with **corrective maintenance** programs.
자산관리자는 고장 수리 프로그램을 통해 빌딩을 좋은 상태로 유지시킬 수 있도록 시설관리시스템에 도움을 받을 수 있다.

Deferred Maintenance 이연 유지보수, 이연 수선

Deferred maintenance can have huge consequences as postponing repairs may result in a decrease in property value.
이연 수선은 수선을 연기함에 따른 결과로서 자산가치의 하락을 초래할 수 있다.

Emergency Procurement 긴급 조달, 긴급 구매

Circumstances that threaten the safety of building facilities may require **emergency procurement**.
빌딩 시설의 안전을 위협하는 상황으로 인해 긴급 구매가 필요 할 수 있다.

Competitive Pricing and Highest Performance
경쟁력있는 가격과 최고 효율

For the vendor selection of maintenance contracts, the PM manager should consider how a vendor can provide **competitive pricing and highest performance**.
유지 계약을 위한 업체 선정을 위해 자산관리자는 업체가 어떻게 경쟁력 있는 가격과 최고의 효율을 제공할 수 있는지 고려해야 한다.

Request for Proposal 제안서 요청

A PM company will send **requests for proposals** for building maintenance and management services.

자산관리회사는 빌딩 관리와 관리 서비스에 대한 제안서 요청을 보낼 것이다.

Bid Evaluation 견적 평가

The PM manager will meet with the bidders as part of the **bid evaluation** process.

자산관리자는 견적 평가 절차의 한 부분으로 입찰 참여자들을 만날 것이다.

Award of Bid 업체 선정

The PM manager will review bid results and recommend the **award of bid** to the most reasonable bidder.

자산관리자는 견적 결과를 검토하고 가장 합리적인 입찰자를 추천할 것이다.

Part 3

운영 파트별 세부 업무
(Specific Work for Operation Parts)

Chapter 1. 건축팀 (Architectural Team)

> ## Topic 1 공용 구역 및 구조의 명칭
> ### (Common Area and Names of Structures)

1) Overview

오피스 빌딩은 특정 임차인이 독점적으로 사용하는 전용면적이 있는 반면 다른 임차인과 함께 공유하여 사용하는 공용면적이 있습니다. 대표적인 공용 면적은 로비, 계단, 복도, 화장실 등입니다. 건축팀에서는 일반적으로 건물의 공용 구역의 관리와 빌딩의 구조적인 부분 등을 관리하게 됩니다. 따라서 건축팀에 대한 이해를 하려면 이런 구역과 구조에 대한 기본적인 명칭을 숙지할 필요가 있습니다.

2) Keywords & Related Phrases with Example Sentences

Amenity [əménəti, əmíːn-] 편의시설

Most tenants usually want food and beverage **amenities** for their employees and guests.

대부분의 입주사들은 직원과 방문객을 위해 식사 관련 편의시설을 원한다.

Ingress/Egress [íngres] / [í:gres] 입구/출구

Buildings must have proper **ingress and egress** (entrance and exit) systems such as stairs, open corridors, and evacuation routes.

빌딩은 계단, 복도 그리고 탈출 경로 같은 적절한 입구 및 출구 시스템을 갖추고 있어야 한다.

Restroom 화장실

Restroom facilities are one of the most critical areas in ensuring tenant satisfaction in prime buildings.

프라임급 빌딩에서 임차인 만족도를 높이는데 무엇보다도 중요한 곳은 화장실 시설이다.

Corridor [kɔ́:ridər] 복도

A common violation of the office building safety code is the use of **corridors** as a storage area.

오피스 빌딩에서 흔한 법규 위반 행위는 복도를 창고로 이용하는 것이다.

Stairway 계단

In case of fire, please follow the signs to the nearest exit and emergency **stairway** on your floor.

화재 발생시, 층에서 가장 가까운 계단이나 비상 계단 표지를 따라가시기 바랍니다.

Sidewalk 보도, 인도

Properly designed and spaced **sidewalks** improve the exterior experience of a property and make it more appealing.

적절하게 설계되고 공간을 갖춘 보도는 자산 외부 공간의 모습을 개선하고 자산을 더욱 매력적으로 만들어 준다.

Driveway 도로

The **driveway** leading up to the office lobby has separate lanes for shuttle pick-up, drop-off, and taxi services.

오피스 로비로 향하는 도로는 셔틀의 픽업, 하차, 그리고 택시 서비스에 대한 레인으로 나누어져 있다.

Air Shaft 풍도

Every floor of the building has return **air shafts** with smoke dampers installed.

모든 층은 제연 댐퍼가 설치된 환기 풍도가 있다.

Crawl Space 점검 공간(천정 등 기어서 점검하는 공간)

There must be adequate access routes to the **crawl space** of high-ceiling lobbies.

높은 천정을 가진 로비는 점검 공간에 접근 가능한 적절한 공간이 있다.

Common Area 공용 면적

The total **common area** will be different depending on the design of the building.

빌딩의 디자인에 따라 총 공용 구역은 다를 것이다.

Public Area 공용 공간

The main purpose of the design is to improve the **public area** in the building.

설계의 주요 목적은 빌딩의 공용 공간 개선에 있다.

Seismic Design Standard 내진 설계 기준

Buildings constructed in accordance with the **seismic design standard** suffered relatively little damage during the recent earthquake.

내진 설계 기준에 따라 시공된 빌딩들은 최근 발생한 지진에 상대적으로 적은 손상을 받았다.

Damaged Ceiling 손상된 천정

The tenant shall replace any missing or **damaged ceiling** tiles when the lease agreement expires.

임차인은 임대차계약이 종료되었을 때 없어지거나 손상된 청전을 교체해야 한다.

Glass-walled Buildings 유리로 마감된 빌딩

The project includes construction of four **glass-walled buildings** with three office buildings and a hotel.

프로젝트는 3개의 오피스 빌딩과 호텔과 함께 유리로 마감된 총 4개의 건축물을 포함한다.

Certified Asbestos Abatement Contractor 인증된 석면 제거 업체

A **certified asbestos abatement contractor** may be required for the renovation work of the building.

빌딩 개선공사를 위해서 인증된 석면 제거 업체가 필요하다.

Building Envelope 건물 외피

The **building envelope** is the exterior surface of the building including all walls, windows, floors, and roofs.

건물 외피는 벽체, 창문, 바닥 그리고 지붕을 포함하는 빌딩의 모든 외부 표면을 포함한다.

Facade 파사드

The effective illumination of a building's **facade** can give a good visual first impression at night when viewed from a distance.

효과적인 빌딩 파사드의 조명은 야간에 멀리 떨어진 곳에서도 빌딩에 좋은 첫 인상을 제공해 준다.

Floor Load Capacity 층 하중

During the design phase, architects should accurately calculate the **floor load capacity** for future reference.

디자인 단계에서 건축사는 장래 이용을 위해 층 하중에 대한 정확한 데이터를 계산해야 한다.

Rendering [réndəriŋ] 투시도

Selected **rendering** will be applied to the construction or renovation of buildings.

선택된 투시도는 빌딩의 건축 혹은 리노베이션에 적용될 것이다.

Structural Inspection 구조검토

Structural inspections are to be carried out by engineers who are specialized in structural evaluations and repairs.

구조 검토는 구조 평가와 구조 수선에 특화된 엔지니어에 의해 수행되어야 한다.

Topic 2 도장 및 미장작업 (Painting and Plastering Work)

1) Overview

건물의 벽이나 내부 구조 그리고 바닥 등은 시멘트로 마감 후 도장 처리가 된 곳이 많습니다. 이런 곳은 시간이 지나면 노후화되기 때문에 정기적으로 유지관리를 해줘야 합니다. 보수 범위에 따라서 손쉬운 도장이나 보수들은 자체적으로 건축팀에 처리를 하고 보수 범위가 넓은 경우에는 외부 업체를 통해서 진행하는게 효과적입니다. 도장이나 미장은 임차인들이 직접 보이는 부분이 많아 건물의 이미지에도 영향을 주기 때문에 세심한 관리가 필요합니다.

2) Keywords & Related Phrases with Example Sentences

Painting Contractors 도색 업자

We need to hire commercial **painting contractors** to paint our office building.
오피스 빌딩의 도장 작업을 위해 전문 도색 업자를 고용해야 합니다.

Water Penetration 누수, 방수 깨짐

The office facility experienced **water penetration** through the curtain wall after heavy rain.
오피스 시설들은 폭우 뒤에 커튼월에 누수가 발생했다.

Touch-ups 손보기

Generally, **touch-ups** and minor follow-up work are required after completion of major interior work in an office area.

일반적으로, 오피스 공간의 주요 인테리어 공사 완료 후에 손보기 작업과 추가 작업이 필요하다.

Personal Protection Equipment 개인 보호 장비

Personal protective equipment (or PPE), is equipment worn to minimize exposure to various dangers in a work environment.

PPE라고 흔히 부르는 개인 보호 장비는 작업 환경의 다양한 위험을 줄이고자 입는 장비를 말한다.

Hard Hat 안전모

Hard hats are mandatory to be worn at all times while on building sites.

안전모는 공사 현장에서 항상 착용해야 한다.

Reflective Safety Vest 반사 안전 조끼

We aim to ensure the safety of parking lot staff by providing them with high quality **reflective safety vests**.

주차요원들의 안전을 위하여 최고급의 반사 안전 조끼를 제공하고 있다.

Work Shoe/Boot 안전화

Proper **work shoes/boots** are required to be steel-toed and provide sufficient protection around the ankles.
적절한 안전화는 발가락을 보호하고 관절 주위에 대한 효과적인 보호를 해줄 수 있어야 한다.

Safety Glasses/Goggles 보안경

Construction workers always wear **safety glasses/goggles** under a face shield.
건설작업자는 보안면 아래 항상 보안경을 착용해야 한다.

Hearing Protection 청력 보호기

Construction site visitors are typically provided with **hearing protection**.
공사 현장의 모든 방문자들은 일반적으로 청력 보호기를 지급받는다.

Respirator 마스크(연기, 먼지 차단을 위한)

Please ensure that workers wear the **respirator** according to instructions.
모든 작업자들이 지시에 따라 마스크를 쓰고 있는지 확인하시기 바랍니다.

Under Construction 공사중

One of the skyscrapers currently **under construction** in Seoul will be more than 500 meters high upon completion.
서울에 현재 시공 중인 고층 건물 중에 하나는 준공이 되면 500 미터 이상이 될 것이다.

Topic 3 석재의 유지 및 보수
(Stone Maintenance and Repair Work)

1) Overview

석재는 로비나 보도 등 사람들의 이동이 많은 곳에 사용되기도 하고 실내 인테리어의 재료로 이용하기도 합니다. 이처럼 건물에서 석재의 사용처는 매우 다양합니다. 석재는 설치한 위치나 장소에 따라서 유지와 관리 방법이 달라질 수밖에 없습니다. 석재는 적절한 광택이 유지되지 못하거나 갈라지거나 부서지는 등의 크랙이 발생했을 때 적절히 보수하지 않으면 상태가 더욱 악화될 수 있습니다. 그리고 자연석이나 인조석 등 종류에 따라서 그 강도와 특성이 다르기 때문에 시공 시에는 반드시 이용하거나 사용하면서 발생할 수 있는 문제점을 고려해야 합니다. 부적절한 석재의 시공은 관리상의 어려움과 비용의 증가 등의 문제가 생길 수 있음을 유의해야 합니다.

2) Keywords & Related Phrases with Example Sentences

Marble Polishing 대리석 광택

The prime office building requires a reputable **marble polishing** company to bring out the natural shine of the stone in the lobby area.
프라임 오피스 빌딩은 로비 공간의 자연스러운 석재의 광택을 위해서 평판이 좋은 대리석 광택 회사가 있어야 한다.

Crack and Crumble 갈라짐과 깨짐

Property managers should remain up-to-date on the reasons why buildings **crack and crumble** and solutions to make structures safer.
자산관리자는 빌딩의 석재의 갈라짐과 깨짐에 대한 원인에 대해 알고 있어야 하고 구조를 안전하게 할 수 있는 해결책을 가지고 있어야 한다.

Entrance Flooring 출입구 바닥

Proper **entrance flooring** designs can enhance the first impressions of a building and improve the durability of its entrance from wear and tear.
적절한 출입구 바닥의 디자인은 빌딩의 첫인상을 향상시키고 출입구의 내구성을 향상시킬 것이다.

Tuck-pointing 줄눈

Before the waterproofing work, the exterior of the office building had been washed and all the **tuck-pointing** and caulking had been completed.
방수작업 전에 오피스 빌딩의 외부를 세척해야 하고 모든 줄눈작업과 코킹작업이 완료되어야 한다.

Paving [péiviŋ] 도로포장

Parking areas should be attractive with sufficient spacing and smooth **paving** because a parking lot is the first thing your tenants will see and experience.
주차장은 임차인들이 가장 먼저 보는 곳이기 때문에 충분한 공간과 부드러운 포장으로 좋은 인상을 줄 수 있어야 한다.

Patching and Resurfacing 도로 부분 보수

The existing parking lot will be closed during the **patching and resurfacing** construction period.

현재 주차장은 도로 부분 보수 공사 기간 중에는 폐쇄될 것이다.

Topic 4 출입문 및 문의 유지 보수 (Entrance Door and Door Maintenance)

1) *Overview*

출입문의 기본적인 목적은 구획된 공간으로 출입을 하기 위한 통로입니다. 기본적으로 빈번히 사용을 하기 때문에 내구성이 있어야 합니다. 그리고 출입문의 또 다른 기능인 보안의 역할을 할 수 있도록 정확하게 열리고 닫힐 수 있게 관리해야 합니다. 특히 사용량이 많은 빌딩의 주출입구의 회전문이나 정문은 고장이 발생하지 않도록 정기적인 유지보수를 하는게 좋습니다. 게다가 이곳은 이동하는 사람들이 많아 문 주변에서 잦은 사고가 발생하기도 하기 때문에 안전한 문을 설치하여야 합니다. 이외에도 방화문이나 공조실 등의 특수한 문은 기밀성이나 풍압 등에 문제가 없는지 평소에 확인을 해야 합니다.

2) Keywords & Related Phrases with Example Sentences

Revolving Door 회전문

A **revolving door** can save energy by limiting the heat or cool-air loss when doors are opened.
회전문은 문이 열려있을 때 따듯한 공기나 찬공기의 손실을 줄여주어 에너지를 절약해 준다.

Locksmith 자물쇠업체

A professional **locksmith** can help FM Teams make office buildings more secure through their expertise with keys, locks, safes, and security.

전문적인 열쇠업자는 열쇠, 자물쇠, 안전 그리고 보안에 있어 시설팀을 도와줄 수 있고 빌딩을 안전하게 하는 데 도움을 준다.

A Duplicate Key 여별의 열쇠

Landlords may request a **duplicate key** to a tenant's space for emergency repairs.

임대인은 빌딩의 긴급 수선을 위해서 임차인 공간에 대한 여별의 열쇠를 요청할 것이다.

Bothersome Sound 성가신 소음

Construction work is normally accompanied by **bothersome sounds** that may be disruptive to regular work environments.

공사는 일반적인 업무 환경을 방해하는 불편한 소음이 동반된다.

Double-entry Door 양개문

Double-entry doors are designed to enhance the appearance of an office building's main entrance.

양개문은 오피스 빌딩의 주출입구의 외관을 돋보이도록 설계 되었다.

Floor Finishes 바닥 마감

The main lobby and atrium areas need **floor finishes** that can withstand daily wear.

메인 로비와 아트리움의 일상적인 사용에 따른 마모에 견딜 수 있는 바닥 마감이 필요하다.

Undercut 문의 바닥을 자르는 것

Washroom stall doors need to be **undercut** to allow for proper airflow.

화장실 출입문은 적절한 공기 흐름을 위해 언더컷이 필요하다.

Chapter 2. 설비팀 (Mechanical Team)

> ## Topic 1 공조방식의 설명 (Explanation for Air Conditioning)

1) Overview

임차인들이 가장 민감해 하는 사항 중에 하나는 사무실 실내 온도입니다. 이는 오피스 빌딩에서 제공해야 하는 업무 환경의 가장 기본적인 요소로 적절한 냉난방은 임차인 만족도에도 큰 영향을 줍니다. 건물의 설계에 따라 공조기가 설치되어 있는 위치나 방식이 다를 수 있습니다. 공조방식은 크게 정풍량 방식(CAV)과 변풍량 방식(VAV)으로 나눌 수 있습니다. 일정한 풍량을 유지하면서 그 온도를 제어 하느냐 아니면 풍량을 통해서 온도를 조절하느냐에 따라 그 방식이 다른 것입니다. 그리고 공조는 외부의 온도와 실내 온도를 감안하여 적절한 급기와 배기를 통해서 실내 공기의 품질도 관리를 할 수 있어야 합니다. 에너지를 절감하기 위해 적절한 환기나 냉난방을 공급하지 못하면 임차인들의 건강을 해치고 업무 만족도를 저해할 수 있습니다.

2) Keywords & Related Phrases with Example Sentences

Convector [kənvéktər] 컨백터

One energy efficient building design is having floor-integrated **convector** units adjacent to the curtain walls.
빌딩의 에너지 효율 설계의 하나로 커튼월 주변으로 바닥형 컨벡터를 설계하는 방법이 있다.

USRT 미국 냉동톤

An absorption chiller is used more in has areas with natural energy (i.e.: natural gas) and ranges from capacities of 4,000 to 6,000 **USRT**.

흡수식 냉동기는 천연가스 같은 천연 에너지가 있는 곳에서 더 많이 사용되고 4,000에서 6,000 냉동톤의 용량을 가지고 있다.

Booster Pump 부스터 펌프

Booster pumps are installed to maintain a constant pressure within the building to ensure all the tenants have stable water pressure on their floor.

부스터 펌프는 모든 층에 있는 임차인에게 안정적인 수압 유지를 위해 일정한 압력을 유지하기 위해 빌딩에 설치한다.

Antifreeze Liquid 부동액

For the winter season, **antifreeze liquid** can be used to protect the pipes.

겨울 동안 부동액은 파이프를 보호하기 위해 사용된다.

AHU Filter 공조기 필터

To improve indoor air quality, it is recommended to increase the frequency of **AHU filter** replacements for outside air applications.

공기질을 개선하기 위해서 외기 공기를 도입하는 공조기 필터를 자주 교체하는 것을 권장한다.

HVAC Spares and Consumables 냉난방 공조관련 소모품비

Construction warranty covers all repairs except for **HVAC spare parts and consumables**.

시공하자보증은 냉난방 공조 관련 소모품을 제외한 모든 수선을 포함한다.

Repair of Pumps 펌프 수리

For commercial buildings, immediate **repair of malfunctioning pumps** and routine maintenance of parts are very important for operations.

상업용 빌딩에 고장이 발생했을 때 펌프 수리와 정기적인 부속품의 유지 관리는 건물 운영에 있어 매우 중요하다.

Repair of Packaged Air-Conditioners 패키지 에어컨 보수

Regular repair of packaged air conditioners keep you cool and fresh in the summer.

패키지 에어컨의 정기적인 보수는 여름 동안 시원하고 쾌적할 수 있도록 해준다.

Repair of Other HVAC Facilities 기타 냉난방시설 보수

Improper and irregular **repairs of other HVAC facilities** can negatively impact the safety of your FM staff.

부적절하고 비정기적인 기타 냉난방시설의 보수는 시설 근무자들의 안전에 부정적인 영향을 줄 수 있다.

Miscellaneous HVAC Repair Supplies 기계설비 자재

Office buildings need storage for **miscellaneous HVAC repair supplies** and accessories inventories.

오피스 빌딩은 기타 기계설비 자재들과 부속 재고들을 위한 창고가 필요하다.

Air Conditioning System 공기조화시스템

Deciding the appropriate **air conditioning system** to use depends on a number of factors including how large the area is to be cooled.

어떤 공기조화시스템을 사용할 것인지 결정하는 것은 얼마만큼의 많은 공간에 냉방이 필요한지 등의 다양한 요소들에 달려있다.

AHU (Air Handling Unit) 공조기

The basic function of the **AHU** is to take in outside air, re-condition it, and supply it as fresh air to tenant area.

공조기의 기본 기능은 외부 공기를 받아서 공기를 조정하여 입주사 공간에 신선한 공기를 공급하는 것이다.

VAV (Variable Air Volume) 변풍량방식

Variable air volume units can provide zone-specific heating without adding additional heat to the entire building.

변풍량 방식 유닛은 전체 빌딩에 추가 난방 없이 특정 공간에만 난방을 공급할 수 있다.

CAV (Constant Air Volume) 정풍량방식

A **constant air volume system** can supply a constant amount of air to an occupied tenant space.

정풍량방식은 입주사 사용하는 공간에 정풍량의 공기를 공급할 수 있다.

FCU (Fan Coil Unit) 팬코일유닛

A **fan coil unit** is responsible for temperature control in an office but it does not have much impact on the amount of fresh air supplied to the tenant area.

팬코일유닛은 오피스 빌딩의 온도 조절을 한다. 그러나 입주사 공간에 공급되는 신선한 공기에는 큰 영향을 끼치지 못한다.

HVAC System (Heating, Ventilation, and Air Conditioning) 공기조화시스템

The **HVAC** system is responsible for providing fresh outdoor air to the building.

공기조화시스템은 빌딩에 신선한 공기를 공급한다.

Cooling Capacity 냉방 용량

Cooling capacity estimation is one of the critical issues in an office building design project.

냉방 용량의 추정은 오피스 빌딩 설계 프로젝트에서 중요한 문제 중에 하나이다.

Medium Pressure Duct 중압 덕트

The existing VAV units and **medium pressure duct** distribution system provides the heating, ventilating, and air conditioning to the building.
지금 설치된 변풍량유닛과 중압 덕트 공급 시스템은 빌딩에 난방, 환기 그리고 냉방을 공급한다.

MEP Consultant (Mechanical, Electrical, Plumbing) 기계전기배관 컨설턴트

MEP consultants can provide design criteria for all major MEP systems during the design of an office building development project.
기계전기배관 컨설턴트는 오피스 빌딩 개발 프로젝트의 설계시에 주요 기계, 전기, 배관 시스템의 중요한 디자인 기준을 제공한다.

Plumbing System 배관 시스템

One of the essential **plumbing systems** in office buildings is the fire & life safety system.
오피스 빌딩의 필수적인 배관 시스템 중에 하나는 방재 관련 시스템이다.

Wet Columns 배관이 통과하는 기둥 (물, 용수 등의 배관)

Wet columns are located at a structural column and requires coordination with the structural design.
배관이 통과하는 기둥은 건물 기둥에 위치하고 구조설계의 의한 조화가 필요하다.

Ceiling-hung Air Handler 천정 타입 공조기

Installation of a **ceiling-hung air handler** for the lobby area can help moderate the entrance temperature.

로비에 천정 타입 공조기를 설치하는 것은 출입구 온도를 적절하게 할 수 있게 도움을 줄 수 있다.

Floor-mounted Air Handler 바닥 타입 공조기

A wall or **floor-mounted air handler** will heat the cold area more effectively as heat rises.

벽이나 바닥 타입 공조기는 따뜻해진 공기는 상승하기 때문에 온도가 낮은 공간을 수월하게 난방을 할 수 있다.

Variable Volume Plenum Return 변풍량 강제환기 시스템

Newly installed units should be **variable volume plenum return** units and tenants are served from these units via insulated ductwork.

새로 설치된 유닛은 변풍량강 제환기 시스템으로 입주사는 단열된 덕트를 통해 이 장비로부터 공조가 공급된다.

Ductwork [dʌktwə̀ːrk] 배관, 덕트

Ductwork is a system of metal or fiberglass tubes that run through the building as part of the heating and air conditioning system.

배관은 철재 혹은 유리 섬유의 튜브가 빌딩을 관통하는 시스템으로 난방과 공조 시스템의 한 부분을 이루고 있다.

Insulated 절연처리가된

Office buildings with **insulated** concrete provide many benefits in strength, energy efficiency, and soundproofing.

절연 콘크리트로 만들어진 오피스 빌딩은 강도, 에너지 효율과 방음에 많은 혜택을 제공한다.

Supplemental AC 추가 에어컨

Facility manager may consider a way to provide **supplemental AC** without changing the existing HVAC system.

시설관리자는 현재 빌딩의 공조 시스템의 변동 없이 추가 에어컨을 제공하는 방법을 고려할 것이다.

1) Overview

냉온수기 세관의 목적은 냉동기 내부에 있는 튜브인 동관에 스케일이 발생하지 않도록 방지 하는 것이 목적입니다. 튜브에 스케일이 발생하면 고장의 원인이 될 수도 있고 무엇보다도 에너지 사용 대비 효율이 떨어져 에너지 비용이 낭비 될 수 있습니다. 특히 동관이 파열되거나 손상이 되면 수선에 큰 비용이 들어가고 무엇보다도 정기적인 관리를 통해 장비의 수명을 늘릴 수 있는 장점이 있습니다. 오피스 빌딩에서는 보통 1년에 한 번씩 진행을 하고 있습니다. 냉동기 장비의 전반적인 관리 상태에 따라 2년에 한 번씩 할 수도 있습니다.

2) Keywords & Related Phrases with Example Sentences

Condenser [kəndénsər] 응축기

Clean evaporator and **condenser** tubes are important for a chiller to function properly.
깨끗한 증발기와 응축기 튜브는 냉동기가 적절하게 기능을 하는데 있어 매우 중요하다.

Evaporator [ivǽpərèitər] 증발기

The chilled water flows through the **evaporator** of the chiller.
냉수는 냉동기의 증발기로 흘러간다.

Strainer [stréinər] 스트레이너(여과기)

The **strainer** should be positioned upstream from the chillers to protect the heat exchanger from debris.

스트레이너는 냉동기의 상부로 흘러가는 곳에 위치하여 열교환기를 불순물로부터 보호한다.

Sludge [slʌdʒ] 슬러지(침전물)

The formation of scale and **sludge** can cause tube failures in the chiller.

물때나 침전물의 형성은 냉동기의 튜브 고장을 일으킬 수 있다.

Absorption Chiller 흡수식 냉동기

The four main components of an **absorption chiller** are the generator, condenser, evaporator, and absorber.

흡수식 냉동기의 4가지 주요 요소는 발전기, 응축기, 증발기, 흡착기이다.

Turbo Chiller 터보 냉동기

Night time electricity is used to drive a **turbo chiller** and store cold water in a storage tank.

심야 전기가 터보 냉동기를 운전하기 위해 이용되고 저장탱크에 차가워진 물을 저장한다.

Boiler Water Treatment Chemical 보일러 배관 방청제

Boiler water treatment chemicals can provide reliable corrosion control for internal boiler surfaces.

보일러 배관 방청제는 확실하게 보일러 내부 표면의 부식 방지를 해준다.

Boiler Tube Cleaning 보일러 세관

Boiler tube cleaning is the most important maintenance work for maintaining quality performance.

보일러 세관은 장비의 효율적인 운전을 위해 가장 중요한 유지보수 작업이다.

Heat Exchanger Cleaning 열교환기 세관

Heat exchanger cleaning can reduce the fouling in heat exchangers.

열교환기 세관은 열교환기의 부착물을 감소시켜 준다.

Chiller Tube Cleaning 냉동기 세관

Regular **chiller tube cleaning** is one of the more effective ways to maintain chiller efficiency.

정기적인 냉동기 세관은 냉동기의 효율성을 유지하는 가장 효율적인 방법 중에 하나이다.

Topic 3 물탱크 청소와 수질 검사
(Water Tank Cleaning and Water Quality Test)

1) Overview

오피스 빌딩의 경우 연면적 5,000 제곱미터 이상의 건축물이면 상반기와 하반기로 나눠 연 2회 물탱크 청소를 해야 합니다. 그리고 이에 따른 수질 검사는 연 1회 실시하도록 되어 있습니다. 물탱크의 용도상 아무래도 물이 머무는 시간이 있기 때문에 각종 유해 물질들이 생길 수 있어 주기적으로 청소를 해줘야 합니다. 물탱크 청소 시에는 물을 다 버려야 하기 때문에 청소를 진행하기 전에 적정한 수위를 조정하여 물의 낭비를 막아야 합니다.

2) Keywords & Related Phrases with Example Sentences

Storm Water Tank 우수조

Storm water tanks are used to collect and store captured rainwater, which is then used for landscape irrigation.
우수조는 빗물을 모으고 저장하기 위해서 사용되고 그리고 조경 관수를 위해 이용된다.

Water Tank 물탱크

Regular cleaning and maintenance of **water tanks** is required by law.
정기적인 물탱크 청소와 관리는 법적으로 필요하다.

Water Quality Test 수질 검사

Water quality tests should be conducted once a year by private institutions.

빌딩의 수질 검사는 사설 기관에 의해 1년에 한 번씩 진행해야 한다.

Cistern 물탱크, 물통

A **cistern** is a reservoir or tank for holding water, especially for catching and holding rainwater for later use.

물탱크는 물을 저장하거나 보유하는 탱크로 특히 나중에 이용할 수 있도록 빗물을 모으고 보관한다.

1) Overview

냉각탑은 냉방을 할 때 발생하는 열을 제거하기 위해 주위의 공기를 이용하는 열교환을 하는 방식을 통해 물과 직접 접촉시켜 온수를 냉각해 재사용할 수 있도록 만든 기계 장비입니다. 냉각탑은 대부분 건물 옥상에 위치를 하고 있습니다. 물을 계속 재순환시켜 사용하기 때문에 물의 절약을 할 수 있지만 관리를 잘못하면 레지오넬라균 등의 세균이 번식할 수 있습니다. 따라서 냉각탑의 수조를 정기적으로 청소를 해주고 적정한 살균제 투입 등으로 배관과 냉각탑을 소독하고 세정을 할 필요가 있습니다. 특히, 오피스가 밀집되어 있는 곳에서는 바람이 불면 냉각탑의 물이 날릴 수 있어 철저한 관리를 해야 합니다.

2) Keywords & Related Phrases with Example Sentences

Drainage [dréinidʒ] 배수

All **drainage** work in connection with a building requires an application such as sink and toilet bowl.
빌딩과 관련된 모든 배수 공사는 개수대와 세면대 같은 기구들이 필요하다.

Chilled Water 냉수

Chilled water systems contain and transport cool water throughout the building.

냉수 시스템은 냉수를 보유하고 빌딩 전체에 이를 전달한다.

Cooling Water 냉각수

The building was designed with a **double cooling tower** on the roof to provide cooling water throughout the office building.
빌딩은 오피스 빌딩 전체에 냉각수를 공급하기 위해 옥상에 두개의 냉각탑으로 설계가 되어졌다.

Cooling Tower 냉각탑

A **cooling tower** is heat rejection equipment that removes waste heat into the atmosphere by coolingwater streams to a lower temperature.
냉각탑은 물을 낮은 온도로 만들어 주는 것을 통해 폐열을 공기중으로 빼내어 열을 제거해 주는 장비이다.

Brine Pump 브라인 펌프

The existing **brine pump** was found to have a low energy efficiency level during operation.
지금의 브라인 펌프는 운영 중에 에너지 효율이 낮은 것이 밝혀졌다.

Sand Filter 모래 여과기

The treatment system consists of gutters, water storage tanks, and **sand filters**.
여과 시스템은 물받이, 물탱크 그리고 모래 여과기로 구성되어 있다.

Cooling Tower Chemicals 냉각수 약품

Cooling tower chemicals are added to the water in the cooling system to inhibit bacterial growth, corrosion, and scaling.

냉각수 약품은 박테리아 생성, 부식과 물때를 방지하도록 냉각시스템의 물에 첨가된다.

Less Energy Consumption 에너지 소비를 줄인

The benefits of using energy efficient equipment includes **less energy consumption** and lower operating costs for owners and tenants.

에너지 소비가 적은 제품의 사용을 포함하여 에너지 효율 기기의 사용은 소유주와 임차인의 운영 비용을 낮춘다.

Ceiling-concealed Indoor Unit 천정 내장형 냉방유닛

Air conditioning of the small room can be improved by using compact ductwork connected to a **ceiling-concealed indoor unit**.

작은 방의 냉방은 천정 내장형 냉방 유닛에 연결하는 컴팩트 덕트를 이용해 개선할 수 있다.

Overtime HVAC 업무 시간외 냉난방

Overtime HVAC is a heating or air conditioning service used after regular building operating hours and holidays.

업무 시간외 냉난방 서비스는 빌딩의 업무 시간 이후나 휴일에 사용할 수 있다.

Topic 5 난방 및 보일러의 관리
(Heating and Boiler Maintenance)

1) Overview

건물에서 난방은 에너지 사용량의 가장 큰 부분을 차지합니다. 난방을 위한 보일러의 효율적인 운전과 기계 장비의 적절한 유지 보수는 장기적으로 빌딩 운영 비용에 큰 영향을 미치게 됩니다. 계절의 변화 및 온도 변화에 따라 적절한 난방의 공급은 입주사의 만족도에도 직접적인 영향을 미치기 때문에 무엇보다도 잘 관리되고 운영되어야 하는 설비 중에 하나가 보일러입니다.

2) Keywords & Related Phrases with Example Sentences

Expansion Tank 팽창탱크

The main function of a water heater **expansion tank** is to help prevent fluctuations in water pressure.

온수 팽창탱크의 주요 기능은 수압으로 인한 변동을 막아주는 기능을 한다.

Heat Exchanger 열교환기

A **heat exchanger** uses heat recovered from exhaust air and mixes it with the fresh air coming into the building.

열교환기는 배기로부터 회수되는 열을 이용하여 빌딩으로 들어오는 신선한 공기와 이를 섞는다.

Fan Coil Unit 팬코일유닛 (FCU)

A single **fan coil unit** was provided to serve each of the tenants' meeting rooms.

단일 팬코일유닛은 각 입주사 미팅룸을 위해 설치되었다.

Feed Water Pump 급수 펌프

The feed water tank stores water for use and the **feed water pumps** deliver it.

급수탱크는 물의 사용을 위해서 보관하였다가 급수 펌프를 통해 공급한다.

Circulating Pump 순환 펌프

During the winter season, the **circulating pump** contributes 10% of the building's total energy use.

겨울동안 순환 펌프가 빌딩 전체 에너지 사용량의 10%를 차지한다.

Boiler Tube Repair 보일러 연관 보수

The mechanical team is responsible for the **boiler tube repairs** and replacements work before winter season begins.

기계팀은 보일러 연관 보수를 해야 하고 교체는 겨울이 오기 전에 해야 한다.

Topic 6 공기질 측정 (Air Quality Test)

1) Overview

연면적이 2,000 제곱미터 미만인 오피스 빌딩의 실내 주차장은 '주차장법'에 의거하여 국토교통부에서 실내 공기질을 관리하게 됩니다. 또한, 연면적이 2,000 제곱미터가 넘는 실내 주차장은 '다중이용시설 등의 실내공기질관리법'에 따라 연1회 실내공기질을 측정하고 관리를 해야 합니다. 법적인 의무사항은 아니지만 오피스 빌딩 내부 사무공간의 실내 공기 상태를 점검하기 위해 상주인구가 많은 층의 공기질을 주기적으로 측정하고 관리를 할 필요가 있습니다.

2) Keywords & Related Phrases with Example Sentences

Supply Air 급기

Supply air is defined as the air delivered throughout the building by the HVAC system.
급기는 공조시스템에 의해 빌딩 안으로 들어오는 공기를 말한다.

Return Air 환기

A well-designed **return air** strategy is critical for the performance of the HVAC system.
잘 설계된 환기 계획은 공조시스템의 성능에 결정적인 요소이다.

Outdoor Air 외기

Building ventilation is the circulation of air throughout a building using **outdoor air**.

빌딩의 환기는 외기를 이용하여 빌딩 전체의 공기를 순환시키는 것이다.

Exhaust Air 배기

Exhaust air systems should provide adequate ventilation to remove odors and contaminants in the office.

배기 시스템은 사무실의 냄새와 오염물질을 제거하여 적정한 환기를 제공한다.

Rated Flow Rate 정격 풍량

Prices primarily depend on the **rated flow rate** and size.

가격은 주로 정격 풍량과 크기에 따라 다르다.

Ceiling Return 천정 리턴 방식

Air is supplied by diffusers on each floor, creating an upward flow of fresh air through natural convection and exhausted through **ceiling return** outlets.

공기는 디퓨저에 의해 각 층에 공급되고 자연적인 대류를 통해 신선한 공기가 위로 흐르게 하고 천정 리턴 배출구로 빠져나간다.

Duct Return System 덕트 환기 시스템

Full visual inspection of air **duct return systems** is required to ensure that the system is safe and operating efficiently.

시스템이 안전하고 효율적으로 운영되는 것을 확인하기 위해 덕트 환기 시스템의 전체적인 육안 점검이 필요하다.

Air Exchanger 공기 교환기

This **air exchanger** is designed to provide high performance ventilation, recirculation, and heat recovery in the building.

이 공기 교환기는 빌딩의 고효율의 환기, 재순환 그리고 열회수를 위해 설계되었다.

Indoor Air Quality Testing 실내 공기질 테스트

Indoor air quality testing should be conducted in the parking lot area to test for a variety of common threats to indoor air quality.

실내 공기질 테스트는 실내 공기질에 대한 다양한 위험요소들을 점검하기 위해 주차장내에서 진행해야 한다.

Air Filter 공기 여과기

The primary function of an **air filter** is to protect heating and cooling equipment from becoming clogged with dirt and dust.

공기 여과기의 주요 기능은 냉난방 기기들이 먼지들에 의해 막히지 않도록 보호해 준다.

Low-VOC-emitting Material 휘발성 유기 화합물을 적게 포함한 자재

Low-VOC emitting materials are recommended for interiors as they do not release significant pollutants into the indoor environment.

휘발성 유기 화합물이 적게 포함된 자재들이 인테리어에 권장되는데 이는 실내 환경에 심각한 오염물질을 배출하지 않기 때문이다.

Topic 7 빙축열시스템 (Ice Thermal Storage System)

1) Overview

빙축열 시스템은 심야 전기를 이용하여 얼음을 저장소에 얼리고 낮 시간동안 이 얼음을 녹여 냉방 열원으로 사용하는 것을 말합니다. 값싼 심야 전기를 이용하기 때문에 건물의 에너지 비용을 줄일 수 있습니다. 그렇지만 얼음을 얼려야 하는 저장소를 위한 넓은 공간이 있어야 하는 단점이 있습니다.

2) Keywords & Related Phrases with Example Sentences

Building Automation System (BAS) 설비 자동 제어

FM staff can save time through web-based **building automation systems** that help control and monitor energy usage during the night shift.

시설직원은 인터넷 기반의 설비 자동 제어 시스템을 통해 야간 근무시에 에너지 사용을 쉽게 관리하고 감시할 수 있어 시간을 절약할 수 있다.

Ice-storage System 빙축열 시스템

An **ice storage system** uses a chiller to make ice during off-peak night time hours when energy cost is cheaper, and then melts the ice for peak period cooling needs.

빙축열 시스템은 에너지 비용이 저렴한 심야의 피크시간이 아닌 때에 얼음을 만들고 피크 시간대에 냉방 수요를 위해 얼음을 녹여 사용한다.

Thermal Storage Tank 축열조

As a means of reducing energy costs during the day, the property manager has the option of using the **thermal storage tank** to cool the building for a period of time.

낮 시간대의 에너지 비용을 줄이는 방법으로 자산관리자는 일정 시간 동안의 빌딩의 냉방을 위해서 축열조를 이용할 수 있는 옵션이 있다.

Topic 8 우수의 재활용 (Stormwater Harvesting)

1) Overview

친환경 건축물의 특징 중의 하나는 물의 소비를 억제하거나 사용량을 줄이는 노력을 하는 것입니다. 최근 건축된 친환경 오피스 빌딩에는 비가 내리면 이 빗물을 모아서 재활용 할 수 있는 시설을 갖추고 있습니다. 이렇게 모아진 우수는 주로 조경 용수로 사용합니다. 이외에도 실내에서 사용된 중수를 재활용하여 화장실의 좌변기와 소변기의 물로 사용하기도 합니다. 하지만 우리나라에서는 아직까지는 충분한 사용량이 있을 만큼 강수량이 많지는 않습니다.

2) Keywords & Related Phrases with Example Sentences

Plumbing [plʌmiŋ] 배관

The **plumbing** system should be constructed to stream stormwater from buildings to a drainage system.

배관 시스템은 빌딩에서 배수 시스템으로 우수를 운반하기 위해 만들어야 한다.

Trap [træp] 트랩 (악취역류방지)

A **trap** is a device that serves to prevent sewer gases from backing up the main drain and into the office area.

트랩은 하수관에서 발생하는 가스를 주 배관과 사무실내 공간으로 역류하는 것을 방지하기 위한 장치이다.

Water Conservation 용수 보존

Water conservation should be a key consideration in the reuse or renovation of an existing building.

용수 보존은 현재 빌딩의 재사용과 개선공사에 있어 주요한 고려사항이다.

Grey Water 중수

A **grey water** system can help buildings aiming for **LEED** certification.

중수 시스템은 LEED 인증을 받기 위한 빌딩에 도움이 될 수 있다.

Topic 9 정화조 청소 (Septic Tank Cleaning)

1) Overview

빌딩에서 발생하는 분뇨는 하수도법에 의거하여 1년에 한 번씩 처리하도록 법으로 규정하고 있습니다. 대부분 지자체의 구별로 정화조 청소를 하는 업체가 지정되어 있습니다. 구별로 지정업체가 있으나 그 수가 많지 않아 처리 시에 작업일정을 잡기가 수월하지 않을 수 있습니다. 따라서 작업을 위해 여유 있게 일정을 협의할 필요가 있습니다. 대부분 사람의 왕래가 적은 새벽시간에 일을 시작하여 업무 시간에 불편하지 않도록 작업 시간을 조정하게 됩니다.

2) Keywords & Related Phrases with Example Sentences

Deodorizer Unit 탈취기(악취제거유닛)

The **deodorizer unit** must be capable of covering a maximum area of 30,000 sqm and be completely safe for the environment.

탈취기는 최대 30,000 스퀘어미터를 감당할 수 있어야 하고 환경에 완전히 무해해야 한다.

Underwater Pump 수중 펌프

The **underwater pump** usually operates in response to the water level as detected by a water level sensor.

수중 펌프는 수위의 변화에 따라 수위조절센서에 의해 감지되어 가동되거나 멈춘다.

Sump Pump 오수 펌프

The **sump pump** installation should include a backup system for breakdowns and power outages.

오수 펌프의 설치는 고장과 정전을 대비한 보완 시스템을 포함해야 한다.

Septic Tank Chemical 정화조 약품

Septic tank chemicals should be safe for all septic tanks and must be environmentally friendly.

정화조 탱크 약품은 모든 정화조 탱크에 안전해야 하고 친환경 제품이어야 한다.

Septic Tank Cleaning 정화조 청소

Having **septic tank cleaning** done helps the building septic system work more efficiently.

정화조 청소를 실시하는 것은 빌딩의 정화조 시스템을 더욱 효율적으로 운영할 수 있도록 개선해 준다.

Odor Control 냄새 관리

To develop a management plan for **odor control**, the sources of odor must be fully understood and investigated.

냄새 관리를 위한 관리 방안을 만들기 위해서는 냄새의 원인을 철저하게 이해하고 조사해야 한다.

Chapter 3. 전기팀 (Electrical Team)

1) Overview

전기는 오피스 빌딩을 운영하는데 있어 가장 중요한 에너지원 중에 하나입니다. 빌딩을 운영하기 위해서는 빌딩에 공급되는 전기 용량과 이 전력이 어디로 부터 공급이 되어 어떠한 경로로 분배가 되고 있는지 정확히 알고 있어야 합니다. 그리고 자산관리자라면 전기 관련 기본 용어들을 숙지해야만 응급 상황에 대처를 하고 사고발생시 신속하게 대응할 수 있습니다.

2) Keywords & Related Phrases with Example Sentences

Generator [dʒénərèitər] 발전기

The renovation work involves installing a new **generator** sized to meet the needs of the existing building and a future expansion.

개선공사는 현재 빌딩의 수요와 장래 증평 수요에 맞춰 새로운 발전기를 설치하는 것을 포함하고 있다.

Transformer 변압기

A failed **transformer** caused a power outage in the entire building during business hours.

고장난 변압기로 인해 업무 시간 동안 전체 빌딩에 정전이 발생했다.

Fluorescent Bulb 형광등

The letter T is used in front of the number to show the **fluorescent bulb** is a tube type.

형광등에 표시된 번호 앞에 T라는 문자는 튜브 타입이라는 것을 알려주기 위해 사용된다.

Burned Out Light Bulbs 수명이 다한 형광등

Burned out light bulbs can be exchanged for new ones from FM staff during business hours.

수명이 다한 형광등은 시설 직원이 업무 시간 동안에 새것으로 교체해 준다.

Distribution Panel 배전반

Each **distribution panel** located within the building should be served by a dedicated circuit breaker.

빌딩의 각각의 배전반은 전용 개폐기에 의해 공급 되어야 한다.

Panel Board 분전반

Molded case circuit breakers and fuse **panel boards** include metering to meet the latest building regulations.

배선용 차단기와 퓨즈 분전반은 빌딩 규정을 맞추기 위해서 계량기를 설치하였다.

Bus Duct 부스 덕트

The bus duct runs vertically through the building carrying the service standard voltage to each floor.

부스 덕트는 각 층의 규정 전압을 공급하기 위해 빌딩을 수직으로 통과한다.

Control Panel 제어반, 조작반

Constructing the **control panel** in the command center is the next most time consuming and significant part of this construction.

방재실에 제어반을 설치하는 것은 다음으로 시간이 많이 소요되는 작업이고 이 공사에서 가장 중요한 부분이다.

Uninterrupted Power Supply 정전없는 전원 공급, UPS 장비

To ensure an **uninterrupted power supply** and efficient operations, FM staff require a high level of trust and confidence.

정전 없는 전원 공급과 효율적인 운영을 위해서 시설 직원은 최고의 신임과 신뢰가 요구된다.

Lighting Control System 조명 제어

There are many guidelines and services available for designing **lighting control systems.**

빌딩의 조명 제어를 설계하는데 사용 가능한 많은 가이드라인과 서비스가 있다.

Central Power-Control System 중앙 전력제어 시스템

Central power-control systems should be energy efficient and provide tenants with a safe and comfortable workspace.

중앙 전력제어 시스템은 에너지 효율성이 있어야 하고 임차인에게 안전하고 편한 업무 환경을 제공한다.

Remote Metering System 원격 검침

Remote metering systems are designed to facilitate utility checks of each tenant for remote metering and preventive maintenance.

원격 검침 시스템은 각 임차인들의 원격 검침과 예방 관리를 확인 가능하도록 설계되었다.

Circuit Breaker 차단기

The **circuit breakers** get worn out after installation and need be replaced for the safety of the building.

차단기는 설치 이후로 낡았기 때문에 빌딩의 안전을 위해 교체가 필요하다.

Shut-off Switch 차단 스위치

It is important to know where the supply **shut-off switch** is for the building so you can turn off the electricity in an emergency.

빌딩의 전원 공급 차단 스위치가 어디에 위치해 있는지 알고 있어야 위급한 상황에 전력을 차단할 수 있다.

Lighting Fixture 전등 기구

Energy efficient **lighting fixtures** help reduce the operating costs.

에너지 효율적인 전등 기구는 운영 비용을 절감하는데 도움을 준다.

Natural Light 자연 채광

Many architects have been working on how to better incorporate **natural light** into the office building design.

많은 건축가들을 오피스 빌딩 디자인에 더 많은 자연 채광을 할 수 있는 방법을 찾고자 노력하고 있다.

Fiber-optic Backbone 광전송망

The new building will install a **fiber-optic backbone** that increases capacity to ensure adequate and reliable service to the tenants.

새로운 빌딩은 임차인에게 적절하고 신뢰할 만한 서비스를 제공할 수 있는 역량을 증가시킬 수 있도록 광전송망 회선을 설치할 것이다.

Light Level 조도

One of the credits required for LEED certification is the **light level** in the exterior of the building.

LEED 자격을 위한 크레딧 중에 하나는 빌딩 외부에 대한 조도이다.

Foot-candle Level 광량 (초하나의 광량)

A lighting system should provide the recommended **foot-candle level** at all times during the life of the lighting fixture.

조명시스템은 조명 기구의 수명 기간 동안 권장 광량을 제공해야 한다.

Optimal Light Level 최유효조도

Tenants can adjust lights and blinds in order to achieve the **Optimal Light Level** for work spaces.

임차인은 업무 공간의 최유효조도를 위해서 전등과 블라인드를 조정할 수 있다.

Electrical Closets / Electrical Rooms 전기실

Electrical closets are provided on each floor with standard distribution throughout the entire building.

전체 빌딩의 규격에 맞는 전력 배분을 위해 각층에 전기실이 있다.

Circuit Breaker Panel 차단기 분전반

The **circuit breaker panel** is the main source of electricity in the building and distributes electricity to every floor.

차단기 분전반은 빌딩 전력의 주요 원천이고 각층으로 전기를 배분한다.

Battery Backup 배터리 보조전원

Battery backup systems and uninterrupted power supply systems provide continuous electricity in the event of a power failure.

배터리 보조전원 시스템과 무정전전원장치는 정전 시 지속적인 전력 공급을 해 준다.

Grounding 접지

Electrical **grounding** means that some electrical systems must be connected to the ground so it will flow into the earth rather than into the body of a person who touches defective equipment.

전기 접지는 어떤 전기 시스템들을 지면에 연결해야 하는 것을 의미한다. 그래야 결함이 있는 장비를 만진 사람의 몸이 아닌 지상으로 전기가 흘러갈 수 있다.

Topic 2 여름철 전기 사용량의 관리
(Summer Season Energy Management)

1) Overview

여름철에는 전력 사용량이 급격히 증가합니다. 특히 무더운 날씨가 계속되면 한낮의 전기 사용량이 증가하여 전력 수급에 문제가 발생하기도 합니다. 그리고 전기 요금의 경우에는 사용량이 증가함에 따라 누진제 요금이 적용되어 운영비용의 증가로 이어지게 됩니다. 따라서 여름철 실내 온도의 관리를 통해 전기 사용량을 줄이는 노력이 필요합니다. 정부의 온도규제시책 등과 같은 규제에 대비하기 보다는 에너지절감 차원의 측면에서 접근하여 근본적인 운영방안을 준비할 필요가 있습니다.

2) Keywords & Related Phrases with Example Sentences

BAS Materials and Equipment 자동제어 자재 및 장비

BAS materials and equipment should comply with the applicable specification in the agreement.
자동제어 자재 및 장비는 계약서상의 적정한 사양에 맞아야 한다.

BAS Service Maintenance Contract 자동제어 유지관리 계약

The **BAS service maintenance contract** will save office buildings more than 10% in HVAC operation and maintenance costs.
자동제어 유지관리 계약은 공조기 운영과 관리 비용을 10% 이상 절감해 줄 것이다.

Heat Rejection Rate 발열량

The high energy efficiency is mainly the result of a high **heat rejection rate** with decreased equipment loading.

에너지 고효율은 주로 낮아진 장비의 부하와 함께 높은 발열량의 결과로 나타난다.

Energy Management Plan 에너지 관리계획

It is important to maintain a comprehensive **energy management plan** to make office buildings run more efficiently.

오피스 빌딩을 더욱 효율적으로 운영하기 위해서는 종합적인 에너지 관리계획을 유지하는 것은 중요하다.

Building Retrofit Project 건물에너지 효율화 프로젝트

Professional engineers should provide constant support in planning, designing, and implementing an energy efficient **building retrofit project**.

전문 엔지니어는 효과적인 건물에너지 효율화 프로젝트의 준비, 설계 그리고 실행을 위해 지속적인 지원을 해야 한다.

Energy Consumption 에너지 소비

The energy report includes statistics on commercial building **energy consumption** and an analysis of seasonal usage.

에너지 보고서는 상업용 빌딩의 에너지 소비와 계절 사용량에 대한 분석을 포함하고 있다.

Tenant Sub-metering 임차인 계량기

Pay-for-use **tenant sub-metering** is proven to reduce energy and water consumption of the building.

사용량에 따라 비용을 부과하는 임차인 계량기는 빌딩의 에너지와 물 사용을 절감하는 것으로 증명되었다.

HVAC Overtime Usage 시간외 냉난방

Additional charges include metered electric use and the **HVAC overtime usage** of tenants.

추가 관리비는 임차인의 검침된 전기 사용과 시간외 냉난방을 포함한다.

Lighting Retrofits 전등 개량 공사

The most common **lighting retrofits** include replacing lamps and installing occupancy sensors.

가장 흔한 전등 개량 공사는 램프를 교체하고 재실센서를 설치하는 것이다.

Payback Period 회수 기간

Before retrofit of lighting fixtures, the PM Manager should calculate the **payback period** of the investment.

조명 설비를 개선하기 전에 자산관리자는 투자에 대한 회수 기간을 계산해봐야 한다.

Peak Usage Time 전력 최대 사용시간

Peak usage time is generally between 1PM and 3PM.

전력 최대 사용시간은 일반적으로 오후 1시에서 3시 사이이다.

Ceiling-mounted Occupancy Sensor 천정형 감지 센서

A **ceiling-mounted occupancy sensor** is ideal for storage rooms, bathrooms, conference rooms, hallways, and parking areas of the building.

천정형 감지 센서는 창고, 욕실, 회의실, 복도 그리고 빌딩의 주차 구역에 알맞다.

Integrated Daylight Sensor 채광 센서

The function of an **integrated daylight sensor** is to adjust the illumination based on the amount of ambient lighting in the space.

채광 센서의 기능은 공간의 주변 조명량에 근거하여 조명을 조정하는 것이다.

1) Overview

소방법에 따라 7층 이상 건물에는 비상발전기를 설치하도록 의무화되어 있습니다. 화재나 응급 사태 발생 시 대피를 도울 수 있는 장비나 시설물에 최소한의 전력을 공급해야 하기 때문입니다. 전기 공급 중단을 대비할 수 있도록 정기적인 정복전 훈련 이외에 장비 가동의 확인을 하고 각종 소모품들이 잘 관리되어 문제가 없는지 주기적인 점검을 해야 합니다. 만일의 상황을 대비하여 비상연료의 공급처도 가까운 곳에 확보를 해야 합니다.

2) Keywords & Related Phrases with Example Sentences

Genset 발전기

Every prime office building usually has a **genset** as their backup source of electricity in case of blackout.
보통 모든 프라임 오피스 빌딩은 정전 시 보완 장비로 발전기를 가지고 있다.

Oil Tank 연료 탱크

An inspection and written permit must be obtained prior to disposal of an **oil tank**.
연료 탱크는 폐기되기 전에 사전 서면 승인을 받아야 한다.

Oil Pump 연료 펌프

An **oil pump** will deliver diesel from the main tank to the generator.

연료 펌프는 메인 탱크에서 발전기로 경유를 공급한다.

Diesel Oil 경유

The **diesel oil** consumption of a 400kva diesel generator should be calculated during the black out test.

정전 시에 400kva 경유 발전기가 얼마만큼의 경유를 사용하는지 계산해야 한다.

Electrical Materials and Supplies 전기 자재

Tenders are invited for purchase orders of **electrical materials and supplies** for the building.

입찰자들은 빌딩의 전기 자재 구매를 위해 참여했다.

Repair of Generator 발전기 보수

It is important to perform a **repair of generators** to ensure they are in perfect condition for use.

사용을 위한 최고의 상태에 있을 수 있도록 발전기의 보수를 하는 것은 매우 중요하다.

Cogeneration Equipment 열병합 장비

Installation of the **cogeneration equipment** is expected to begin in January as construction work proceeds to the next phase.

열병합 장비는 1월부터 시작될 2차 단계 때 설치될 것이다.

Topic 4 엘리베이터의 관리 (Elevator Management)

1) Overview

오피스 빌딩에서 엘리베이터는 가장 중요한 수직 이동수단입니다. 건물이 운영되는 시간동안 엘리베이터는 쉴 틈 없이 운행을 합니다. 따라서 고장이나 사고가 발생하면 임차인들에게 큰 불편을 줄 수 있습니다. 유지보수업체의 정기적인 관리는 물론 고객들로 부터 접수되는 불편이나 신고 사항들을 귀 기울여 듣고 이상 유무를 확인 하는게 좋습니다. 특히 승객이 탑승하여 운행 중 고장이 발생하면 신속하게 대처할 수 있는 프로세스와 비상연락망을 갖추고 있어야 합니다.

2) *Keywords & Related Phrases with Example Sentences*

Elevator Malfunction 엘리베이터 고장

The main cause of the **elevator malfunction** was not immediately determined.

엘리베이터 고장의 주요 원인은 바로 밝혀지지 않았다.

Emergency Button Within the Cab 엘리베이터 내부 비상 버튼

Pressing the **emergency button within the cab** will alert the facility management team that the elevator is malfunctioning.

엘리베이터 내의 비상 버튼을 누르면 시설팀에게 엘리베이터가 고장났다는 것을 알릴 것이다.

Elevator Bank 엘리베이터 홀

Each building has its own lobby and **elevator bank**, which also has its own area for tenants.

각 빌딩은 로비와 엘리베이터 홀이 있고 임차인을 위한 고유 영역이 있다.

Elevator Control System 엘리베이터 제어 시스템

Elevator control systems can determine the next travel direction based on the call information and the current status automatically.

엘리베이터 제어 시스템은 자동으로 부름 신호와 현재 상태를 토대로 다음 목적지를 결정한다.

Elevator Spare Parts 엘리베이터 자재

During the maintenance period of elevator, the vendor will provide support in elevator fixtures, push-buttons, and **elevator spare parts and accessories**.

엘리베이터 보수 기간 동안 업체는 엘리베이터 장비, 누름버튼, 엘리베이터 부품 그리고 부대용품들을 제공해 줄 것이다.

Elevator and Escalator Maintenance E/L, E/S 유지관리

Property managers should be aware of the importance of **elevator and escalator maintenance** in the building.

자산관리자는 빌딩의 엘리베이터와 에스컬레이터 유지관리의 중요성을 알아야 한다.

Gondola Maintenance 곤도라 유지관리

Regular **gondola** maintenance will lower the possibility of breakdown in sensitive parts.

정기적인 곤돌라 유지관리는 민감한 부속품들의 고장 가능성을 낮출 것이다.

Passenger Elevator 승객용 엘리베이터

The institution must inspect and certify each **passenger elevator** installation before it goes into operation.

검사기관은 엘리베이터가 운영되기 전에 각각의 승객용 엘리베이터의 설치를 검사하고 확인해야 한다.

Freight Elevator 화물용 엘리베이터

The **freight elevator** of a building can safely carry a maximum load of 1,000kg.

빌딩의 화물용 엘리베이터는 최대 1,000kg의 중량을 안전하게 운반할 수 있다.

Emergency Elevator 비상 엘리베이터

The **emergency elevator** system is designed to evacuate people from a high-rise building during an emergency.

비상 엘리베이터 시스템은 비상 상황 시에 고층 빌딩에서 사람들은 대피시킬 수 있도록 설계되었다.

Vertical Transportation 수직 이동 교통수단

Vertical transportation systems are one of the important components in high-rise buildings.

수직 이동 교통수단은 고층 빌딩에서 매우 중요한 요소이다.

Destination Dispatch Elevator 목적층 예약 엘리베이터

In older buildings, retrofitting with a **destination dispatch elevator** system can allow a building to increase office tenancy significantly.

낡은 빌딩에서 목적층 예약 엘리베이터 시스템으로의 개선 공사는 빌딩의 상주 인구를 현저하게 증가시켰다.

Overspeed Governor 가버너, 과속 조속장치

The elevator **overspeed governor** is a very important component related to elevator safety.

엘리베이터의 과속 조속장치는 엘리베이터의 안전과 관련하여 중요한 부품이다.

Traction Machine 권상기

Elevators using a gearless **traction machine** can serve buildings of any height with speeds between 1500 and 2000 feet per minute.

기어가 없는 권상기를 사용하는 엘리베이터는 어떤 높이의 빌딩에서도 분당 1,500에서 2,000피트 사이의 속도를 제공할 수 있다.

Main Rope 메인 로프

Wrong tension in the **main rope** due to an incorrect design requires re-leveling after installation.

잘못된 디자인으로 인한 메인 로프의 잘못된 장력은 시공 후에 재조정해야 한다.

Emergency Stop Button 비상 정지 버튼

Elevator emergency stop buttons are installed inside every elevator and pressing this button will force the elevator to come to an emergency stop.

엘리베이터 비상 정지 버튼은 각 엘리베이터 내부에 설치되어 있고 버튼을 누르면 엘리베이터를 비상 정지시킬 것이다.

Safety Gear 안전 기어

Safety gear is a mechanical device for stopping the car by gripping the guide rails in the event of abnormal car speeds.

안전 기어는 엘리베이터의 비정상적인 속도가 발생했을 때 가이드 레일을 잡아서 멈추는 기계 장치이다.

Hall Door 홀도어

Elevator cars will stop if the system detects that the **hall door** has opened in a non- opening zone.

엘리베이터는 도어가 열리는 구간이 아닌 곳에서 홀도어가 개방되는 것을 감지하면 운행을 중지할 것이다.

Car Door 카도어

If the elevator car is in the proper location, the electric door opening motor is activated to open both the inner **car door** and the outer floor door.
만약 엘리베이터가 정상 위치에 있다면 전기 도어 열림 모터가 작동하여 카 내부와 밖의 문을 개방하도록 작동할 것이다.

Buffer [bʌfər] 충격감속장치

A **buffer** is designed to stop the elevator if it travels past the lowest floor at its operating speed.
충격감속장치는 만약 엘리베이터가 운행 속도로 가장 낮은 층을 지나게 되면 이를 멈추도록 설계되었다.

Magnetic Brake 자석식 브레이크

The most common type of **magnetic brake** is the electromagnetic brake.
가장 흔한 자석타입의 브레이크는 전자기식 브레이크이다.

Machine Room 기계실

Elevator machine room's are usually cooled by an exhaust fan and make-up air.
보통 엘리베이터 기계실은 배기펜과 재실에 보급되는 공기로 냉방이 된다.

Hoistway [hɔ́istwèi] 호이스트, 승강구

A **hoistway** is a shaft that allows an elevator to move from floor to floor.
승강구는 엘리베이터가 층과 층을 이동할 수 있는 수직통로이다.

Protective Board 보양재

To keep the elevator running comfortably and safely, **protective board** can be used to protect the car wall and ground during interior work.

엘리베이터를 편안하고 안전하게 하기 위해 인테리어 공사기간 동안 카 내부벽과 바닥을 보호하는 보양재를 사용해야 한다.

Trapped Passenger 엘리베이터 안에 갇힌 승객

Before any attempt to rescue the **trapped passenger** occurs, it is mandatory for the FM staff to check the floor and status of that elevator.

엘리베이터 안에 갇힌 승객을 구출하기 전에 FM직원은 그 엘리베이터의 층과 상태를 확인해야 한다.

Heavy People Flow 많은 사람의 이동

Elevators for high-rise buildings are designed to meet the **heavy people flow** demands of mass transit.

고층 빌딩의 엘리베이터는 많은 사람들의 이동을 위한 대량 수송수단으로 설계 되었다.

Fire Switch 화재 스위치

When you push **fire switch**, the elevator will automatically cancel all internal and external instructions, return directly to the home landing, and let the passengers out.

화재 스위치 버튼을 누르면 엘리베이터는 내부 및 외부 신호를 자동적으로 지우고 1층으로 복귀하여 자동적으로 문이 열려 승객이 나갈 수 있게 해준다.

Car Operating Panel For the Disabled 장애인 조작 스위치

All elevators are equipped with a main **car operating panel for the disabled**.

모든 엘리베이터는 장애인을 위한 조작 스위치가 갖춰져 있다.

Periodic Check 주기적인 점검

An elevator maintenance company will schedule **periodic check-ups** to ensure elevators are in good standing.

엘리베이터 유지 보수 회사는 엘리베이터를 항상 최고의 성능으로 유지하기 위해 정기 점검 계획을 세울 것이다.

Troubleshooting 고장해결

One of the large parts of elevator maintenance and repairs is **troubleshooting**.

엘리베이터의 유지보수와 수선의 가장 큰 부분은 고장을 해결하는 것이다.

Dated 낡은, 구식의

Minor alterations of the car interior can change it from a **dated** appearance to a more modern one.

엘리베이터 내부의 작은 인테리어 변화가 낡은 엘리베이터를 최신 형태로 보이게 할 수 있다.

Aging Elevator 오래된 엘리베이터

An **aging elevator** can consume a large amount of electricity and drive your utility costs up.

낡은 엘리베이터는 많은 전기를 소비하고 전기비용을 증가시킬 것이다.

Worn-looking 낡아 보이는

Worn-looking and outdated elevators make it difficult to attract new tenants to the office buildings.

낡아 보이고 구식의 엘리베이터는 오피스 빌딩으로 새로운 임차인을 유치를 어렵게 만든다.

Peak Demand Usage 최고 많이 사용하는 시기

A new elevator management system can offer several cost-cutting plans to reduce **peak demand usage** of elevators.

새로운 엘리베이터 시스템은 엘리베이터를 가장 많이 사용하는 시기를 줄이기 위한 다양한 비용 절감 방안을 제공한다.

Off-peak Usage 사용량이 적은 시기

Energy can be conserved by reducing active elevators to one or two cars during **off-peak usage**.

에너지 비용은 엘리베이터의 사용량이 적은 시기에 한 대 내지 두 대만 운행하여 절감될 수 있다.

Energy Audit 에너지 점검

The building **energy audit** program is a valuable resource for facilities management teams to find the best operation plan.

빌딩 에너지 점검 프로그램은 시설팀이 최고의 운영 방안을 찾을 수 있는 가치 있는 자료이다.

Energy Cost Savings 에너지 비용 절감

Selecting a well-designed elevator system may yield **energy cost savings** in addition to operational improvements.

디자인이 잘된 엘리베이터 시스템을 선택하는 것은 운영의 개선 뿐 아니라 에너지 비용 절감도 해준다.

Elevator Modernization Project 엘리베이터 개선 프로젝트

Every **elevator modernization project** is mandated to comply with updated code requirements for safe operation.

모든 엘리베이터 개선 프로젝트는 안전한 운영을 위해 최근의 법적 요건을 준수하여야 한다.

Topic 5 통신 및 자동제어
(Communication and Building Automation System)

1) Overview

빌딩의 통신망 중에서 전화나 인터넷은 우리나라에서 통신 서비스를 제공하는 3개의 통신회사인 LG, KT, SK 3사에서 독점적으로 공급을 합니다. 보통 대형 빌딩에서는 1개의 통신 회사가 주로 관리를 하고 다른 2개의 통신사는 협의 후 이를 임차하여 회선을 사용하는 방식이 대부분입니다. 그리고 자동제어의 경우에는 빌딩의 면적이 커지면서 주요 장비들을 대부분 원거리에서 제어를 할 수 있는 시스템들이 갖춰져 있습니다. 자동제어시스템의 활용으로 현장까지 가지 않고 확인이 가능하지만 정기적으로 장비들이 정상적으로 작동하는지 직접 눈으로 확인해야 합니다.

2) Keywords & Related Phrases with Example Sentences

Broadband Services 광대역통신서비스

Crucial **broadband services** should be made available to tenants like asset management companies and banks.
자산관리회사나 은행 같은 임차인들에게 중요한 광대역통신서비스가 가능해야 한다.

Metering Services 검침 서비스

The tenant will pay the fee approved by the landlord for the installation of extended **metering services** to tenant area.
임차인은 임차인 공간의 검침 서비스의 설치하여 임대인으로부터 승인 받은 비용을 납부할 것이다.

Electric Meter 전기 검침

Reading your **electric meter** is an easy way to keep record of the building's electric usage.
전기 검침을 하는 것은 빌딩 전기 사용량의 기록을 관리하는 쉬운 방법이다.

Keep Equipment in Good Shape 기기들은 좋은 상태로 관리하다.

An important role of a FM manager is to **keep equipment in good shape** and conduct regular maintenance reviews.
시설 관리자의 중요한 역할은 기기들을 좋은 상태로 관리하고 정기적인 관리 점검을 하는 것이다.

Recalibrated 재조정

Light meters should be **recalibrated** after malfunctions in equipment.
전등 미터기는 장비의 고장 이후에 재조정이 필요하다.

Chapter 4. 방재팀 (Fire & Life Safety Team)

Topic 1 소방시설물의 명칭 (Fire Equipment Name)

---

1) Overview

오피스 빌딩에 설치되는 소방 시설물은 소화전이나 경종, 화재감지기, 방화셔터 등이 있습니다. 이외에 각 공간마다 비치된 소화기와 천정에 설치된 스프링클러가 대표적인 소방시설이라고 할 수 있습니다. 그리고 직접적인 소방시설은 아니지만 벽지나 가구 등의 방염처리나 완강기 등은 화재 시 도움을 줄 수 있는 것들입니다.

2) Keywords & Related Phrases with Example Sentences

Fire Sprinkler 스프링클러 (살수장치)

Fire sprinklers are set to automatically deliver water in response to fire related temperatures exceeding a safety threshold.

화재 스프링클러는 안전 온도를 초과하는 화재에 반응하여 물을 자동 분사한다.

Fire Alarm Receiver 화재 수신기

Fire alarm signals are monitored with a **fire alarm receiver** located at the building's command center.

화재알람신호는 빌딩 방재실에 있는 최신의 화재 수신기를 통해 감시된다.

Fire Alarm Sensor 화재 감지기

A **fire alarm sensor** is specially designed to detect smoke coming from a fire in the building.

화재 감지기는 특별히 빌딩의 화재로부터 나오는 연기를 감지하도록 설계되어 있다.

Fire Extinguishers 소화기

Fire safety rules require that **fire extinguishers** be available and easily accessible by all personnel.

화재 안전 법규에 따르면 개인들이 쉽게 소화기 사용을 가능하게 하고 접근할 수 있어야 한다.

Firestop [fáiərstàp] 방화칸막이

A **firestop** is designed to prevent the spread of fire and smoke between rooms and floors.

방화칸막이는 방과 층사이의 연기나 화재 오염물질의 확산을 막도록 설계되었다.

Fire Rated Partition 내화구조 칸막이

Fire rated partitions in commercial buildings have become a necessity in recent years.

상업용 빌딩의 내화구조 칸막이는 최근 들어 필요해 지고 있다.

Fire Protection System 소방 시스템

Fire protection systems are becoming attractive selling points for buildings and are sometimes viewed as prerequisites by some prospects.

소방 시스템은 빌딩 매각에 유리한 점이 되고 있고 때로는 가망 매수자에게는 필수 조건으로 여겨지고 있다.

Digital Video Management System DVMS 시스템 (CCTV)

All buildings are equipped with a **digital video management system** as part of the security features.

모든 빌딩은 보안의 한 부분으로 DVMS를 갖추고 있다.

Fire Door 방화문

Fire doors are used to prevent the spread of fire and smoke between compartments and also serves as an emergency exit.

방화문은 각 객실마다 화재와 연기가 확산되는 것을 방지하고 비상 탈출구 역할도 하고 있다.

Smoke Ventilation System 배연 설비

Smoke ventilation systems serve to exhaust fire related smoke and heat out of the building.

배연 설비는 화재로부터 발생한 연기와 열을 빌딩 밖으로 배출하는 기능을 한다.

Smoke Ventilation Window 배연창

A **smoke ventilation window** removes excessive heat, smoke, and toxic gases released during a fire in the building.

배연창은 빌딩 화재 시에 배출되는 과도한 열기, 연기 그리고 유독 가스를 제거해 준다.

Fire Hydrant 소화전

Fire hydrant systems are installed in buildings to help firefighters respond against fires.

소화전은 소방관이 화재를 진압할 수 있도록 빌딩에 설치되어 있다.

Fire Alarm Station 발신기

When a fire is spotted, it is very important to activate the nearest **fire alarm station** to alert other occupants.

임차인이 화재를 발견하면 다른 재실자들에게 이를 알리기 위해 가장 가까이에 있는 발신기를 누르는 것은 매우 중요하다.

Portable Emergency Light 휴대용 비상 조명등

Portable emergency lights should be prepared for use in emergency situations.

휴대용 비상 조명등은 비상 상황 시에 사용할 수 있도록 준비되어야 한다.

Air Respirator 공기호흡기

Air respirators provide limited protection against harmful gases and other biological or chemical agents.

공기호흡기는 유독가스, 생물학적 또는 화학물질로부터 제한적인 보호를 해줄 수 있다.

Public Address System 비상 방송 시스템

Public address systems are needed for communication with all occupants.

비상 방송 시스템은 모든 임차인들과의 의사 소통을 위해 필요하다.

Fire Hydrant Pump 소화설비용 펌프

Fire hydrant pumps should be tested regularly.

소화설비용 펌프는 정기적으로 테스트를 해야 한다.

Fire & Life Safety Systems 방재 시스템

The **fire and life safety systems** in the building are engineered to ensure the safety of all occupants in the building in the event of a fire.

빌딩의 방재 시스템은 화재 시 빌딩 사용자들의 안전을 확보할 수 있도록 설계 되어야 한다.

Fire Detection Systems 화재 감지 시스템

All **fire detection systems** should be inspected, maintained, and tested in accordance with civil codes.

모든 화재 감지 시스템은 관련법에 따라 점검, 유지 그리고 검사를 해야 한다.

Fire Protection Equipment & Systems 방재도구 및 시스템

A fire safety plan may require frequent inspection and testing of **fire protection equipment & safety systems**.

화재 안전계획은 자주 점검을 하도록 하게하고 방재도구 및 시스템에 대한 검사를 요구할 것이다.

Fire Prevention and Safety Equipment 방재 및 안전 장비

It is mandatory to equip office buildings with various **fire prevention and safety equipment** for the safety of occupants.

오피스 빌딩에는 입주자들의 안전을 위해 다양한 방재 및 안전 장비를 갖춰야 한다.

Fire Detection and Alarm System 화재감지 및 알람 시스템

A **fire detection and alarm system** used during the construction period is different from the normal installation of a building alarm system.

공사 기간 중의 화재감지 및 알람 시스템은 보통의 빌딩 알람 시스템의 설치와는 다르다.

Malfunction 오작동

An electrical **malfunction** started a fire that caused damage to the office building.

전기 오작동으로 인해 화재가 발생하여 오피스 빌딩에 피해를 줬다.

Emergency Lighting level 비상조명 조도

An average **emergency lighting** level of 15 lux is recommended.

평균적인 비상조명 조도는 15lux가 권장된다.

1) Overview

고층 빌딩이나 일반 빌딩은 화재가 발생하면 자동소화장치 등에 의해서 빠르게 진화가 됩니다. 다만, 연기나 화염 등을 피하기 위해서는 비상통로를 통해 탈출을 해야 합니다. 대부분 빌딩의 비상대피로는 비상계단이기 때문에 이곳을 통해 대피를 해야 합니다. 그리고 화재 발생 시에는 엘리베이터를 절대 사용 하지 말아야 합니다. 엘리베이터 홀이 굴뚝 역할을 하여 연기가 들어오게 되고 전원 공급이 중단되어 운행 중 정지 시에는 탈출이 불가능합니다. 따라서 평상시에 근무하고 있는 층에 비상계단의 위치를 알아두고 해당 층에서 지상으로 대피하는 경로를 알아두어야 합니다. 오피스 빌딩에서는 이런 소방훈련을 정기적으로 실시하여 입주사의 안전에도 많은 관심과 신경을 써야 합니다.

2) Keywords & Related Phrases with Example Sentences

Fire and Life Safety Materials 소방시설 자재

Developers ensure that all of the construction projects meet the minimum standards for structural safety and **fire and life safety materials**.

개발자는 구조 안전과 소방시설 자재들의 최소 요구 기준이 모든 건설 프로젝트는 갖춰줘야 한다는 것을 확인해야 한다.

Fire Facilities Inspection 화재 설비 점검

Property managers must set up an emergency response program and conduct a **fire facilities inspection** regularly.

자산관리자는 입주사들에게 비상 대응을 할 수 있는 비상대응 프로그램을 준비해야 하고 화재 설비 점검을 정기적으로 실시해야 한다.

Fire Drill Training 소방 교육 훈련

Fire drill training should be held at least twice a year at all offices.

모든 사무실에서는 적어도 일 년에 두 번은 소방 교육 훈련을 진행해야 한다.

Fire Warden 방화관리자

A **fire warden** for each tenant will normally have the responsibility of participating in training drills.

각 임차인의 방화관리자는 일반적으로 화재대피훈련에 참가할 의무가 있다.

Egress Stairs 피난 계단

In general, building codes require **egress stairs** at opposite ends of the office building.

보통 빌딩 관련 법령은 빌딩의 양방향 끝에 피난 계단을 설치할 것을 요구한다.

Stairwells 계단

In high-rise buildings, smoke can travel through **stairwells**, elevator shafts, and other vertical openings.

고층빌딩에서 연기는 계단, 엘리베이터 통로 그리고 다른 수직 공간을 통해서 움직일 수 있다.

Life Safety and Emergency Procedures 인명안전과 비상시 절차

A building manager should develop programs to train all tenants on **life safety and emergency procedures**.

빌딩 관리자는 인명안전과 비상시 절차에 대해 모든 입주사들을 교육할 수 있는 프로그램을 개발해야 한다.

In the Event of Fire 화재 발생시

The fire warden ensures that all employees working in the office know what actions to take **in the event of fire**.

방화관리자는 화재 발생 시 사무실에서 일하고 있는 모든 근무자들이 어떤 행동을 취해야 하는지를 알려줘야 한다.

Fire Alarm Devices 화재 알람 도구

Some **fire alarm devices** provide visual notification of emergency situations.

어떤 화재 알람 도구는 비상시에 시각적인 신호를 보낸다.

Stairwell Familiarization Drills 비상계단 탈출 훈련

Stairwell familiarization drills serve to train tenants how to use the stairwells in emergencies.

비상계단 탈출 훈련은 비상시에 임차인들이 어떻게 비상계단을 이용하는지에 대한 훈련이다.

Transmission of An Alarm 알람 송출

The **transmission of an alarm** indicates the operation of fire protective equipment and systems.

알람 송출은 화재 보호 기기와 시스템이 작동되었다는 것을 알려준다.

Emergency Evacuation 비상 탈출

Emergency evacuation is the process of moving tenants out of a dangerous office area as quickly and orderly as possible.

비상 탈출은 임차인을 가능한 한 재빨리 순서대로 위험한 오피스 공간에서 벗어나게 하는 절차이다.

Code Requirement 법적 요건

It is a **code requirement** for the fire alarm system to interface with the security management system to gain access to a tenant space in emergencies.

화재알람시스템이 비상시에 임차인 공간에 들어갈 수 있도록 임차인의 보안 관리 시스템과 연동시키는 것은 법적인 요구사항이다.

1) Overview

고층빌딩의 화재 발생 시 건물에 있는 사람들이 안전하게 탈출할 수 있도록 설계된 화재안전설비 중에는 샌드위치가압방식이라는 것이 있습니다. 화재가 발생한 층은 배기를 하여 연기를 빼내고 직상 층과 직하 층은 가압을 하여 화재로 인한 연기가 다른 층으로 번지지 않게 하는 제연방식을 말합니다. 우리나라에는 아직 많이 보급되지는 않았지만 앞으로 고층빌딩이 늘어나면서 점차 늘어날 것으로 예상됩니다.

2) Keywords & Related Phrases with Example Sentences

Stack Effect 굴뚝 효과

The **stack effect** is caused by the difference in density between the cold and dense air outside the building and the warm and less dense air inside the building.

굴뚝 효과는 차가운 고밀도의 빌딩 바깥 공기와 따뜻한 저밀도의 빌딩 내부 공기의 밀도차이에 의해 발생한다.

Smoke Control Damper 제연 댐퍼

Mechanical smoke extraction systems with motorized **smoke control dampers** in the building can help improve the ability to save lives in a fire outbreak.

빌딩의 동력 제연 댐퍼를 갖춘 기계 제연 시스템은 화재 시 인명을 구조할 수 있게 해준다.

Smoke Spread 연기 확산

The primary purpose of rated corridor walls is to prevent fire or **smoke spread** from a tenant area to the corridor.

적격한 복도 벽의 주목적은 임차인 공간으로부터 복도로 화재나 연기가 퍼지는 것을 막기 위함이다.

Stair Pressurization System 계단 가압 시스템

It is important that **stair pressurization systems** be independent of other building ventilation systems.

계단 가압 시스템은 빌딩의 환기 시스템과는 독립적이어야 하는 것은 중요하다.

Ventilation Systems 환기 시스템

Tenants' opinions on a building's **ventilation systems** should be considered.

오피스 빌딩의 환기 시스템에 대해 임차인의 의견도 고려해야 한다.

Elevator Piston Effect 엘리베이터 움직임으로 인해 생기는 압력차

An **elevator piston effect** is the air flow created in a building due to the movement of the elevator car in the shaft.

엘리베이터 피스톤 효과는 통로로 엘리베이터가 움직임에 따라 발생하는 공기의 흐름이다.

Vertical Air Movement 수직 공기 이동

The better the elevator and stairwell door seals, the less potential for **vertical air movement** because of the stack effect.

엘리베이터와 계단 문이 기밀할수록 굴뚝 효과에 의한 수직 공기의 움직임이 적어진다.

Air Density Differences 공기 밀도 차이

Inside and outside temperature differences of the building cause **air density differences** in the lobby.

빌딩의 내부와 외부 온도 차이가 로비 공기 밀도의 차이를 발생시킨다.

Ventilation Shaft 환기구, 환기 샤프트

A **ventilation shaft** is an open passage that is designed to let air circulate to and from an enclosed space.

환기구는 밀폐구역으로부터 또는 밀폐구역으로 공기를 순환시키도록 설계된 개방된 통로이다.

Pressurizing the Fire Area 화재 공간 가압

HVAC systems can play a role in interior smoke spread by **pressurizing the fire area** and forcing smoke into adjacent building areas.

공조 시스템은 화재 공간을 가압하여 내부 연기를 퍼지게 하고 인접한 빌딩 구역으로 연기를 보내는 역할을 한다.

Smoke Barriers 제연 경계벽

Adjustable **smoke barriers** would be a wise investment when designing a building's interior structure.

조절 가능한 제연 경계벽은 빌딩 인테리어 구조 디자인을 함에 있어 현명한 투자이다.

Fire Damper 방화 댐퍼

When a rise in temperature occurs, a **fire damper** will close and prevent the spread of flame through the barrier.

온도가 상승하면 방화 댐퍼는 닫히고 경계를 통해 화염이 퍼지는 것을 막아줄 것이다.

1) Overview

고층 빌딩이나 일반 빌딩은 화재가 발생하면 자동소화장치 등에 의해서 빠르게 진화되지만 연기나 화염 등을 피하기 위해서는 비상통로를 통해 탈출을 해야 합니다. 대부분 빌딩의 비상대피로는 비상계단입니다. 평상시에 근무하고 있는 층에 비상계단의 위치를 알아두고 해당 층에서 지상으로 대피하는 경로를 알아 두어야 합니다. 오피스 빌딩에서는 이런 소방훈련을 정기적으로 실시하여 입주사의 안전에도 많은 관심과 신경을 써야 합니다.

2) Keywords & Related Phrases with Example Sentences

Fire Prevention and Emergency Response 화재 예방 및 비상 대응

All buildings should be equipped with adequate plans for **fire prevention and emergency response**.
모든 빌딩은 화재 예방 및 비상 대응에 대한 적절한 계획을 가지고 있어야 한다.

Common Fire Hazards 흔한 화재 위험

Smoking is one of most common **fire hazards** found in office building.
흡연은 오피스 빌딩에서 발견되는 가장 흔한 화재 위험이다.

Company Fire Drill 회사 화재대피 훈련

Regular practice of **company fire drills** make employees more prepared in the event of real emergencies.

정기적인 회사의 화재대피 훈련은 직원들을 비상상황에 대비할 수 있게 해준다.

Emergency Response Plan 비상 대응 계획

Be sure to identify the goals and objectives of the **emergency response plan** provided to tenants.

임차인에 제공하는 비상 대응 계획의 목적과 목표를 정확히 확인해야 한다.

Fire Safety 화재 안전

The FLS team is committed to improving **fire safety** in buildings for the safety of tenants.

방재팀은 빌딩 임차인의 안전을 위해 화재 안전 개선에 노력하였다.

Main Causes of Fire 화재 주요 원인

Some **main causes of office fires** include electrical, arson, and smoking.

사무실의 화재 주요 요인은 전기, 방화 그리고 흡연을 포함한다.

Precaution [prikɔ́ːʃən] 예방책

Necessary **precautions** should be taken to reduce the occurrence of emergency situations and provide an appropriate response when they do occur.

비상 상황을 줄일 수 있도록 필요한 예방책이 준비되어야 하고 그런 일이 발생했을 때는 적절한 대응이 있어야 한다.

Arson [άːrsn] 방화

The building entrance and lobby were destroyed by suspected **arson**.

빌딩 입구와 로비는 방화로 의심되는 불에 의해 파괴되었다.

Smoldering Cigarette Butt 꺼지지 않은 담뱃불

A **smoldering cigarette butt** caused a fire that damaged an office building in downtown.

꺼지지 않은 담뱃불로 인한 화재로 도심에 있는 오피스 빌딩이 피해를 입었다.

Appliance [əpláiəns] 소형 가전제품

Appliances such as portable heaters and toasters can cause a fire in the office area.

히터와 토스터 같은 소형 가전제품은 사무실내에서 화재를 유발할 수 있다.

Electrical Short 누전

An electrical fire is a fire that is caused by **electrical shorts**, overloaded circuits, and faulty electrical equipment.

전기화재는 누전이나 과부하 혹은 고장난 전기제품 등에 의해 발생한 화재이다.

Manual Pull Alarm 수동 알람

All tenants in the building must be aware of the location for the **manual pull alarm**.

빌딩의 모든 임차인은 수동 알람의 위치를 알고 있어야 한다.

Voice Alarm 음성 알람

Voice alarm systems on the each floor are designed to help evacuate buildings quickly, safely, and efficiently.

각층의 음성 알람 시스템은 빌딩을 빠르고, 안전하게 그리고 효과적으로 탈출할 수 있도록 설계되었다.

Fire Doors 방화문

There are **fire doors** at the end of corridors and in stairwells.

복도의 끝과 계단에 방화문들이 있다.

Burned Out Exit Lights 꺼진 비상구등

Tenants must immediately report identified fire and life safety hazards such as missing safety equipmentand **burned out exit lights**.

임차인은 안전 장비의 소실 그리고 비상구 표시등이 나가는 등의 화재나 생명 안전에 대해 위험을 즉시 알려야 한다.

Floor Warden 층 방화관리자

The **floor warden** directs and controls emergency procedures during fires.

각 층의 방화관리자는 화재 시에 비상절차를 지시하고 통제한다.

Firefighter 소방관

Firefighters may be unfamiliar with the building's layout so FM staff should help them find the fire sources.

보통 소방관은 빌딩의 구조에 익숙하지 않기 때문에 시설근무자는 화재점을 찾을 수 있도록 도와야 한다.

Evacuation Procedure 비상탈출 절차

An **evacuation procedure** is a plan that describes how occupants should escape from the building.

비상탈출 절차는 빌딩에서 입주자가 어떻게 탈출하는지에 대해 기술한 계획이다.

Building Escape Plan 빌딩 대피 계획

Every tenant should be aware of and understand the **building escape plan**.

모든 임차인은 빌딩 대피 계획을 알고 이해해야 한다.

Non-ambulatory Persons 보행이 어려운 사람

Floor wardens should help all **non-ambulatory persons** to evacuate the building in emergencies.

비상시에 방화관리자는 보행이 어려운 모든 사람들이 빌딩을 빠져나갈 수 있도록 도와줘야 한다.

Employee Meeting Place 대피 후 모이는 장소

It is important to set an **employee meeting place** so all employees can be accounted for after a building evacuation.

대피 후 모이는 장소를 정하는 것은 빌딩 대피 절차 이후에 모든 임직원들의 소재를 확인하기 위해 매우 중요하다.

Flame Detector 화염 감지기

A **flame detector** is used in areas containing flammable material.

화염 감지기는 화재에 취약한 물질이 있는 곳에 사용된다.

Dry Chemical Fire Extinguishers 분말 소화기

Dry chemical fire extinguishers are the most common extinguishers used in an office space.

분말 소화기는 사무실에서 사용하는 가장 흔한 소화기이다.

Egress [íːgres] 탈출

The staircase is one of the required means of **egress** in an building.

계단은 빌딩 대피에 필요한 방법 중의 하나이다.

Refuge Areas 대피처

Refuge areas in a building are often misused by landlords.

빌딩의 대피처는 가끔 임대인에 의해 부적절하게 사용된다.

Chapter 5. 보안 및 안내팀
(Security and Reception Team)

Topic 1 출입시스템의 관리 (Management of Security System)

---

1) Overview

빌딩에서 근무하고 있는 임차인들의 출입 기록과 방문객들의 출입을 관리하는 출입 시스템은 정보에 대한 보안 관리를 철저하게 해야 합니다. 출입 기록은 개인 정보에 해당하는 자료들이 포함되어 있고 본인의 동의가 있거나 경찰 등 공무집행을 위한 경우를 제외하고는 제3자에게 제공하지 말아야 합니다. 출입 시스템의 입출입 기록을 통해서 건물의 유동인구를 파악할 수 있고 상시 근무자의 수 같은 건물 운영에 중요한 정보들도 확인할 수 있습니다. 안정된 출입 시스템을 갖추고 있는 것만으로도 건물의 일차적인 보안이 유지되는 것이기 때문에 이를 잘 관리하고 유지보수를 할 필요가 있습니다.

2) Keywords & Related Phrases with Example Sentences

Security Management System 보안 관리 시스템

The **security management system** will integrate with access control and CCTV in the building.

보안 관리 시스템은 빌딩의 출입통제 및 CCTV와 연동될 것이다.

Access Card 출입 카드

Access cards with chips can be read by card readers installed in the speed gate.

칩이 들어 있는 출입 카드는 스피드게이트에 설치된 카드 리더기에 인식된다.

Security Operation Manual 보안 운영 메뉴얼

A **security operation manual** outlines the roles and activities to be performed by the security manager.

보안 운영 매뉴얼은 보안 담당자의 필요한 역할과 활동들이 기술되어 있다.

Without Permission of the Site Manager 현장 담당자의 승인 없이

Weekend access to the building is prohibited **without the permission of the site manager**.

빌딩의 주말 방문은 현장 담당자의 승인 없이는 금지되어 있다.

The Person Designated to Act in His or Her Stead 대리할 수 있는 권한을 가진 사람

The site manager, or **the person designated to act in his or her stead**, may deny permission to enter or remain on the construction site.

현장 관리자 혹은 대리 권한을 가진 사람은 빌딩의 공사 현장에 들어가거나 남아있는 것에 대한 승인을 거절할 수 있다.

A Written Permit Issued By 서명 승인된

A written permit issued by the security manger is required for filming of the premises.

건물에 대한 촬영은 보안 담당자 서면 승인이 필요하다.

Topic 2 데모 및 거동 수상자 대응

(Demonstration and Suspicious People Control)

1) Overview

로비 및 출입구 그리고 건물 정문 앞 등에서는 입주하고 있는 임차인들 회사의 업종에 따라 데모가 일어나기도 하고 불만은 품은 사람들이 찾아와 소란을 피울 수도 있습니다. 보안팀에서는 민원인이 많이 찾아오는 입주사를 사전에 근무자들에게 숙지를 시키고 그런 사람들이 찾아왔을 때 각 회사의 담당자에게 신속히 연락하여 조치를 취할 수 있도록 비상연락망을 가지고 있어야 합니다. 그리고 거동 수상자나 입주사들에게 불편함을 줄 수 있는 사람들이 건물 내로 들어왔을 때에는 정황을 살펴보고 정중하게 안내를 드리거나 다른 장소로 이동을 할 수 있도록 안내를 해야 합니다. 특히, 겉모습만으로 방문객을 판단하여 잘못 안내를 할 수 있는데, 안내를 받은 분이 입주사를 찾아온 방문객이거나 관계자일수 있기 때문에 주의하여야 합니다.

2) Keywords & Related Phrases with Example Sentences

Security Check 보안 검사

All visitors will go through the routine **security check** procedures for building entry.

모든 방문자는 빌딩 출입을 위해 일반적인 보안 검사 절차를 거친다.

X-Ray Screening System X-Ray 검사

X-ray screening systems are often used in mailrooms.

X-ray 검사는 우편물실에서 자주 사용된다.

Demonstration 데모

Security teams should monitor the **demonstration** taking place in front of the office building.

보안팀은 오피스 빌딩 앞에서 발생하는 데모를 감시해야 한다.

Bystander 구경꾼, 행인

The police asked for **bystanders** who witnessed the accident.

경찰은 사고를 목격한 행인을 찾았다.

1) Overview

보안팀의 주업무는 주로 로비에서 근무하면서 건물의 전체적인 보안 관리를 하고 입주하고 있는 임차인들의 안전한 근무 환경을 책임지는 것입니다. 따라서 보안팀은 출퇴근 시간 등 유동인구가 많을 때와 그렇지 않는 시간을 고려하여 근무 인원을 배치해야 합니다. 그리고 주간 및 야간 순찰 동선을 정하여 주기적인 관찰을 통해 특이한 사항이 없는지 확인을 하는 역할을 하게 됩니다. 이런 정기적인 순찰과 근무자들의 배치는 임차인들에게 안전한 근무환경을 제공하고 빌딩 보안에 대해 신뢰감을 줄 수 있습니다.

2) Keywords & Related Phrases with Example Sentences

Photo Shoots 사진 촬영

Prime office buildings often receive requests to use its trademarked image in films and **photo shoots**.

프라임 오피스 빌딩에서는 그 빌딩의 특징적인 요소를 영화나 사진 촬영에 사용할 수 있는지에 대한 요청을 받는다.

Wheelchair 휠체어

All buildings must be **wheelchair** accessible as required by the civil code.

모든 빌딩은 법에 따라 휠체어의 출입이 가능하도록 해야 한다.

Security Guards 보안 요원

Prime office building tenants often require 24-hour **security guards**.
프라임 오피스 빌딩의 임차인은 보통 24시간 근무하는 보안 요원을 요구한다.

Security Policies 보안 정책

One of the main roles of a security team is to develop **security policies** and procedures for the building.
보안팀의 중요 역할 중에 하나는 빌딩을 위해 보안 정책과 절차를 만드는 것이다.

24/7 Security 24 시간/일주일 보안

The building provides **24/7 security** guards with proper security equipment.
빌딩은 적절한 보안장비와 함께 24시간/일주일 내내 보안요원이 배치되어 있다.

Prior Written Approval 사전 서면 승인

Prior written approval is often required for building access outside of regular operating hours and for specified purposes..
규정 운영 시간 이외의 시간이나 정해진 목적이 아닌 경우에는 빌딩 출입을 위해 사전 서면 승인이 필요하다.

Video Surveillance 비디오 감시

Video surveillance systems have become one of the key components for protecting buildings and its occupants.
비디오 감시 시스템은 빌딩과 임차인을 보호하는 하나의 중요한 요소가 되었다.

General First Aid Supplies 응급 처치 제품

General first aid supplies are located in the lobby area.

응급 처치 제품은 로비에 비치되어 있다.

Manned By Security Personnel 보안 요원이 배치되어 있다.

Every access point to the building has to be **manned by security personnel**.

모든 빌딩의 각 출입구에는 보안 요원이 배치되어야 한다.

Authorized Persons 권한이 부여된 사람

Admission will be restricted to **authorized persons** who should register upon entry.

출입은 빌딩 출입 시 등록된 권한을 가진 사람으로 제한될 것이다.

Lost or Stolen ID Cards 분실 또는 도난된 출입카드

All **lost or stolen ID cards** must be reported to the security management team located at the lobby desk.

모든 분실 또는 도난당한 출입카드는 로비 데스크에 있는 보안관리팀에 보고되어야 한다.

Warning Signs 경고 문구

Construction sites are often accompanied by many **warning signs** to remind traffic to be careful.

공사 현장은 차량들에 대한 주의를 알리는 다양한 경고 문구들이 설치된다.

Topic 4 방문객수와 유형 파악
(Number of Visitors and Types of Visitors)

1) *Overview*

안내팀의 주요 업무는 외부 방문고객에 대한 응대입니다. 임차인을 찾아오는 고객에 대한 정보는 건물 운영에 도움이 되는 다양한 정보를 제공합니다. 따라서 임차인별 방문객 숫자와 요일별 방문 현황 등의 자료들을 정리하여 주기적으로 운영팀과 의견을 나누고 업무에 개선이 될 만한 정보를 공유 하는 게 좋습니다.

2) *Keywords & Related Phrases with Example Sentences*

Building Visitor Policy 빌딩 방문객 정책

The **building visitor policy** states that visitors without a visitor's permit are not allowed to enter the lobby.
빌딩 방문객 정책은 업무 시간 이후에는 권한이 없는 방문객은 방문 허가 없이는 로비에 출입할 수 없도록 하고 있다.

Visitor's Badge 방문객 출입증

A visitor to the building must have a **visitor's badge** issued by the security team of the building.
방문객은 빌딩의 보안팀에 의해 발급된 방문객 출입증을 가지고 있어야 한다.

Visitor Procedure 방문 절차

Having a **visitor procedure** is an essential part to building security.

방문 절차가 있다는 것은 빌딩 보안에 필수적인 부분이다.

Check-in/Check-out Book 방문객 입출입 서류

All visitors to the building are required to sign the visitor **check-in and check-out book** located in the main lobby.

모든 방문객들은 메인 로비에 있는 방문객 입출입 서류에 서명을 해야 한다.

Disabled [diséibld] 장애우

Elevators for the **disabled** may have slower door times and longer transport times when used by a disabled person.

장애우를 위한 엘리베이터는 장애우가 이용할 때 느린 도어 닫힘과 더 긴 운행 시간이 걸린다.

Guide Dog 장애인 안내견

Guide dogs are allowed access to places where animals are normally are not allowed.

장애인 안내견은 일반적으로 동물의 출입이 금지된 장소에서 출입이 허용된다.

1) Overview

건물에 찾아오는 내방객들은 궁금하거나 모르는 사항이 있으면 빌딩의 안내 데스크를 찾게 됩니다. 따라서 자주 사람들이 물어보는 건물 주변의 편의시설이나 주요 건물들에 대한 정보를 사전에 숙지하여 응대를 할 수 있도록 교육을 하면 더 나은 서비스를 제공할 수 있습니다. 그리고 건물의 임차인 이름은 물론이고 어떤 사업을 영위하는 곳인지에 대한 간략한 정보를 알고 있으면 좀 더 나은 응대를 할 수 있습니다.

2) Keywords & Related Phrases with Example Sentences

Building Directory 빌딩 임차인 명판

The visitor management system allows visitors to search the **building directory**.

방문객 관리 시스템은 방문객들이 빌딩 임차인의 명판을 검색할 수 있다.

Sign [sain] 명판 및 싸인

The new building **signs** are part of a major upgrade for parking area navigation.

새로운 빌딩 싸인은 주차 구역 확인을 위한 개선 작업의 일환이다.

Elevator LCD Screen 엘리베이터 LCD 스크린

The **elevator LCD screen** may be used for advertising and event postings.

엘리베이터 내부의 LCD 스크린은 광고와 이벤트 글을 올리는 매체로 사용된다.

Mailroom 우편물실

The **mailroom** is located in the lobby area of the main building next to the entrance door.

우편물실은 본관 로비에 위치한 로비의 출입문 옆에 있다.

Advertising/Public Relations 광고와 대중 매체

Advertising and public relations are key components to finding potential tenants.

광고와 대중 매체는 가망 임차인을 찾는 중요한 요소이다.

Lost and Found 유실물, 잃어버린 물건

Lost and found items can be claimed or turned in at the reception desk or property management office.

유실물들은 리셉션 데스크나 관리사무실에 요청하거나 되돌려 줄 수 있다.

Chapter 6. 미화팀 (Cleaning Team)

1) Overview

새로 입주사가 들어오게 되면 임대인이 제공하는 청소 서비스 범위에 대해 안내를 해야 합니다. 기본적으로 건물의 공용 구역이나 시설들에 대한 청소는 제공이 됩니다. 다만 임차인이 설치한 회의실이나 인테리어는 업무 범위에 해당하지 않습니다. 명확한 업무 영역을 설정하고 이외에 필요한 서비스가 있다고 하면 임차인과 협의를 해야 합니다. 모호한 서비스 범위를 설정하면 임차인의 요청이 늘어나 불필요한 업무까지 하게 되어 업무 효율성이 떨어질 수 있습니다.

2) Keywords & Related Phrases with Example Sentences

Cleaning [klíːniŋ] 미화, 청소

Cleaning continues to be the most common cause of a dispute between lessors and tenants.

청소는 임대인과 입주사 사이의 가장 흔한 분쟁의 원인이다.

Carpet Cleaning 카펫 청소

It is recommended to select **carpet cleaning** chemicals that will not damage the carpet or void its warranty.

카펫에 손상을 주지 않고 보증기간에 영향을 주지 않은 카펫 청소 약품을 택해야 한다.

Standard Trash Bags 종량제 봉투

Every tenant has to use **standard trash bags** when they want to throw out non-recyclable products.

모든 임차인은 재활용이 되지 않는 제품을 버릴 때에는 종량제 봉투를 사용해야 한다.

Miscellaneous Cleaning Supplies 기타 청소 소모품

A small cart will be needed for carrying **miscellaneous cleaning supplies** and cleaning chemicals for the cleaning staff.

미화 직원들이 청소 소모품과 청소 약품을 가지고 다닐 수 있도록 작은 수레가 필요하다.

Garbage and Trash Disposal 쓰레기 처리

With a growing population in the building, proper **garbage and trash disposal** is needed.

빌딩의 상주 인구가 늘어남에 따라 적절한 쓰레기 처리가 필요하다.

Recycling Services 재활용 서비스

For many office buildings and facilities, negotiating with a trash hauler for comprehensive **recycling services** may be the simplest way.

많은 오피스 빌딩과 시설들에는 쓰레기 수거 업자와 전반적인 재활용 서비스에 협의를 하는 것이 가장 간단한 방법이다.

Sanitation Services 위생관리 서비스

Sanitation services are recognized as one of the most important elements of tenant satisfaction.

위생관리 서비스는 임차인 만족의 중요한 요소로 인식되고 있다.

Waste Removal Services 쓰레기처리서비스

Waste removal services that are not covered by usual waste disposal services are the tenant's responsibility.

일반적인 쓰레기 처리 서비스에 포함되지 않는 쓰레기의 처리는 임차인의 책임이다.

Day-to-Day Cleaning 일상 청소

The **day-to-day cleaning** and maintenance includes vacuuming, toilet cleaning, and emptying trash.

일상 청소와 관리는 진공청소, 화장실 청소 그리고 쓰레기 비우기를 포함한다.

Custodial Maintenance 일상 관리

Custodial maintenance involves maintaining the curb appeal of the property and the building lobby area.

일상 관리는 빌딩의 외관과 로비 구역의 관리를 포함한다.

Special or Supplemental Cleaning 특별 및 추가 청소

If **special or supplemental cleaning** is needed, tenants should contact the cleaning team at least two business days in advance.

특별 및 추가 청소가 필요하면 입주사는 최소한 이틀 전에 미리 미화팀에 연락을 해야 한다.

Waste Bin 쓰레기통

The **waste bins** need to be emptied every night by the cleaning staff.

쓰레기통은 미화팀이 매일 야간에 비워야 한다.

Window Cleaning 외벽 청소

For curtain wall-type buildings, one of the important tasks is regular **window cleaning**.

커튼월 형태의 빌딩에서 가장 중요한 업무는 정기적인 외벽 청소이다.

Canopy Cleaning 캐노피 청소

Awning and **canopy cleaning** is vital to the appearance of a building.

차양과 캐노피 청소는 빌딩의 외관에 있어 매우 중요하다.

Duct Cleaning 덕트 청소

Duct cleaning offers energy savings and better air quality to tenant spaces.

덕트 청소는 에너지 절약과 더 나은 공기질을 임차인에게 제공한다.

Caulking [call-king] 코킹 (틈새 매우기)

Caulking is used to seal air and water leaks.

코킹은 창문 공기 누출 부위와 누수 부위에 사용된다.

Window Film 윈도우 필름 (유리 필름)

Window films improve the comfort of building's tenants, reduce energy costs, and block UV rays.

윈도우 필름은 빌딩 임차인들의 편안함을 증가시켜 주고 에너지 비용 절감시켜 주고 자외선을 막아준다.

Exterior Wall 외벽

Regular cleaning will keep the **exterior wall** panels attractive.

정기적인 청소는 외벽 패널을 눈에 띄도록 유지를 해줄 것이다.

Pest Control 방역

Most major buildings hire a **pest control** company to control pests in and around the tenant space.

대부분의 주요 빌딩들은 방역 관리 회사를 고용해서 임차인 공간 내외부를 관리한다.

Neutral Detergent 중성 세제

One of the guidelines for the cleaning crew is that only clean, mineral-free potable water and pH **neutral detergents** can be used.

미화직원들에 대한 한 가지 지침은 깨끗하고 미네랄이 없는 음용수를 사용하고 중성 세제를 사용하는 것이다.

Topic 2 궂은 날씨의 미화 관리
(Contingency Cleaning for Bad Weather Condition)

1) Overview

눈이 오거나 비가 내리면 미화팀에서는 로비 바닥의 카펫이나 출입문 앞에 우산비닐 등 적절한 용품을 비치해야 합니다. 특히 궂은 날씨에는 로비나 복도에서 낙상사고가 자주 발생합니다. 따라서 미끄럼 주의 표지판을 비치하고 사고 예방이 될 수 있도록 관리를 해줘야 합니다. 특히 폭우나 폭설 등을 대비한 비상대응 계획을 가지고 있어야 합니다. 계획에 맞게 이를 처리할 수 있는 적정한 장비와 비상연락망도 미리 준비하여 긴급상황에 대비하는 게 좋습니다.

2) Keywords & Related Phrases with Example Sentences

Doormat 도어 매트

To prolong the life of a **doormat**, do not place it in direct sunlight or where it will remain wet for extended period of time.
도어 매트의 수명을 늘리기 위해서는 장기간 햇빛에 직접 노출되거나 습기에 노출되지 않는 곳에 두어야 한다.

Water Freezing 결빙

The cleaning staff will put a caution sign around the **water freezing** area.
미화직원은 결빙 지역 주변에 주의 표지판을 비치할 것이다.

Weather Forecast 일기 예보

The cleaning team will monitor the **weather forecast** and prepare wet caution signs in the lobby area.

미화팀은 일기 예보를 보고 로비 지역에 미끄러짐 경고 표지판을 준비해야 한다.

1) Overview

화장실은 오피스 빌딩에서 관리가 까다로운 장소 중에 하나입니다. 어떤 이유에서든 화장실은 청결하게 유지되어야 합니다. 적절한 약품과 세제의 사용을 통해 효과적인 청소를 할 수 있도록 근무자들의 교육이 필요합니다. 그리고 휴지나 종이 타월도 사용량과 재고량을 파악하고 적정한 수준의 품질을 유지할 수 있어야 합니다. 그리고 화장실 사용 빈도나 입주사의 현황에 따라 탄력적으로 관리해야 합니다.

2) Keywords & Related Phrases with Example Sentences

Lavatory [lǽvətɔ̀ːri] 변기, 화장실

Each floor has men's and women's **lavatory**.
각 층은 남녀 화장실이 있다.

Toilet Paper and Paper Towels 화장지 및 종이 타월

A main duty of the cleaning staff is to clean bathrooms according to schedule and refill the **toilet paper and paper towels**.
미화직원의 주요 업무는 일정에 따라 화장실을 청소하고 화장지와 종이 타월을 보충하는 것이다.

Toilet Aroma 화장실 방향제

Improper ventilation may result in **toilet aromas** infiltrating the tenant area.

부적절한 환기로 인해 화장실 방향제가 임차인 공간에 침투할 수 있다.

Urinal Basin 소변기

Urinal basins are unique to men's lavatories.

소변기는 남자 화장실의 특색이다.

Wash Basin 세면기

Cleaning of **wash basins** must be done regularly especially if the basin is of light colored marble or glass.

특히 세면기가 밝은 색의 대리석이나 유리라면 청소를 주기적으로 해야 한다.

Toilet Seat 좌변기

Regular cleaning protects the **toilet seat** from micro-organisms.

주기적인 청소는 좌변기의 미생물 번식을 억제한다.

Faucet [fɔ́ːsit] 수도꼭지

Reducing **faucet** water use and repairing leaks are easy ways to save water in the office building.

수도꼭지 용수를 절감하고 누수를 고치는 것은 오피스 빌딩에서 물을 절약을 할 수 있는 가장 쉬운 방법이다.

Chapter 7. 조경 및 주차팀

(Landscaping And Parking Team)

> ### Topic 1 초화의 식재와 공개공지
> #### (A Flowering Plant And and Public Open Space)

1) Overview

오피스 빌딩의 조경은 삭막할 수 있는 도시에 활력을 줄 수 있는 요소입니다. 일반 조경 수목 외에 계절의 변화를 알 수 있는 초화를 식재하는 것도 건물의 이미지 향상에 도움이 될 수 있습니다. 그리고 방문객이 많이 오가는 로비 데스크에도 화분이나 꽃꽂이 등을 주기적으로 교체하여 오피스 빌딩의 분위기에 변화를 주는 것도 입주사 만족도를 높일 수 있습니다. 도심에 있는 오피스 빌딩에는 외부인들도 쉴 수 있도록 공개공지를 만드는 곳이 많이 있습니다. 쌈지공원을 조성하거나 잔디를 심어 휴게 공간으로 이용하게 됩니다. 이런 공개 공지는 도심 공간에서 여러 사람들이 이용하는 장소여서 주기적인 청소와 관리가 필요합니다.

2) Keywords & Related Phrases with Example Sentences ce

Landscape 조경

The **landscape** team has worked on a range of landscape design projects during the construction period.

조경팀은 건설기간 동안 조경 디자인 프로젝트의 업무를 한다.

Landscape Architect 조경사

The initial phase of the building design process is to find the best **landscape architect**.

초기 전체 빌딩 디자인 수립 단계는 최고의 조경사를 찾는 것이다.

Tree and Vegetation 나무와 식재

The civil office will review your **tree and vegetation** plans as part of your permit application.

관공서에서는 건축허가서의 한 부분으로 나무와 식재에 대한 계획을 검토할 것이다.

Public Arts 공공 미술

Buildings often integrate and feature **public arts** on the premises as attraction points.

빌딩에서는 종종 자산의 명소로서 공공 미술을 전시한다.

Public Open Spaces 공개 공지

Public open spaces include parks, squares, green space corridors, and roadside plantings.

공개 공지는 공원, 광장, 녹지 복도 그리고 길가 초화식재 등을 포함한다.

Shading 그늘

Shading can be an effective method of improving occupant comfort and increasing energy efficiency in a building.

그늘은 입주자들의 편안함을 증가시키는 효과적인 방법이고 빌딩의 에너지 효율을 증가시킨다.

Water Fountains 분수

Architects proposed placing **water fountains** around a building that could host a coffee shop and a fancy restaurant.

건축가는 커피숍과 고급스러운 레스토랑을 유치할 수 있도록 빌딩 주변에 분수 설치를 제안했다.

1) Overview

대부분의 빌딩은 주차장이 협소하기 마련입니다. 따라서 주차 제도를 건물에 맞게 마련하여 임차인들이 효율적으로 이용할 수 있도록 해야 합니다. 주차를 해야 하는 자리를 정해주는 지정주차보다는 제한 없이 주차를 할 수 있는 자율주차가 효율적인 운영을 할 수 있습니다. 그리고 무인관리가 가능하도록 번호판 인식시스템과 무인 정산기를 도입하는 것도 효과적입니다. 그리고 주차장 운영시간에 대한 기준을 설정하고 월간 정기주차 연장에 대한 절차나 주차 쿠폰의 구매 등에 대한 안내를 정리해서 임차인에게 제공을 해주면 빌딩 운영에 도움이 될 수 있습니다.

2) Keywords & Related Phrases with Example Sentences

License Plate Recognition System 자동번호판 인식시스템

The **license plate recognition system** provides high-resolution video monitoring and recording in the parking lot.
자동번호판 인식시스템은 주차장에 초고해상도 비디오 모니터링과 녹화시스템을 제공한다.

Parking Area 주차 구역

Tenants must provide the landlord a list of the license numbers to be used in the **parking area**.

임차인은 주차 구역을 이용하기 위해서 임대인에게 번호판 목록을 제공해야 한다.

Handicap Parking 장애인 주차구역

Tenants with a valid Gu office-issued handicap placard are authorized to park in any of the designated **handicap parking** spaces.

구에서 발행한 적합한 장애인용 표기를 한 임차인은 지정된 장애인 주차구역을 사용할 수 있다.

Unreserved and Non-Exclusive Basis 예약되지 않고 비독점적 방식

Tenants will have the right to use the parking lot on an **unreserved and non-exclusive basis**.

임차인은 예약이 없고 비독점적 방식으로 주차장을 사용할 수 있는 권리와 권한이 있다.

Vehicular Traffic 차량 통행

Parking behind and beside buildings also reduces **vehicular traffic** through the pedestrian areas.

빌딩 뒷면과 측면의 주차는 보도 구간에 차량 통행을 감소시킨다.

A Flag Person 신호수

During rush hour, **a flag person** will help with exiting the parking lot.
바쁜 출퇴근 시간에는 주차장의 신호수가 도움을 줄 것이다.

Pavement Marking 도로 노면 표시

Car park **pavement marking** is important because a parking lot is one of the first things noticed by tenants and visitors entering a building.
주차장 도로 노면 표시는 임차인 그리고 빌딩에 들어오는 방문객들에게 처음 보여 지는 곳이 주차장이기 때문에 매우 중요하다.

Traffic Signal 신호등

To access the parking lot, visitors need to turn into the parking lot from the **traffic signal** on the central road.
주차장에 진입하기 위해 방문객은 중앙 도로의 신호등에서 주차장으로 방향을 바꿔야 한다.

Sidewalk 보도

Cleaning training offers information about best practices for managing snow and ice on parking lots and **sidewalks**.
청소 교육은 주차장과 보도의 눈과 얼음을 어떻게 관리하는지에 대한 최고의 방법을 제공한다.

Bus Passenger Waiting 버스 승강장

The tenant handbook provides useful information about the **bus passenger waiting** area, parking, and taxi services at the ABC Building.
임차인 핸드북은 ABC 빌딩의 버스 승강장과 택시 서비스를 포함한 유용한 정보를 제공한다.

Taxi Passenger Waiting 택시 승강장

Improvements in the bus and **taxi passenger waiting** facilities in front of the building may offer better public transportation services to tenants.
빌딩 앞의 버스와 택시 승강장의 개선은 임차인에게 더 나은 대중교통 서비스를 제공한다.

Vehicular Traffic Flow 교통 흐름

Too many traffic signals can cause **vehicular traffic flow** interruptions around building.
너무 많은 교통 신호는 빌딩 주변의 교통 흐름을 방해한다.

Renewal Application 연장 신청서

Tenants should know the monthly parking expiration date and be sure to submit **renewal applications** ahead of the date.
임차인은 월간 정기 주차의 종료일을 알고 그 전에 연장 신청서를 제출해야 한다.

On a First-Come, First-Served Basis 선착순 제도

Tenant parking is available on a **first-come first-served basis**.
입주사 주차는 선착순 제도로 운영되고 있다.

Vehicle Passes 차량 출입증

Only tenants can purchase monthly **vehicle passes** in large quantities.
입주사는 월간 차량 출입증을 대량으로 구매할 수 있다.

Entry Barriers 출입구

The **entry barriers** also have integrated HID card readers to read the driver's vehicle pass.
출입구에는 운전자의 차량출입증을 읽을 수 있는 HID카드 리더기가 설치되어 있다.

Maximum Speed Limit 제한 최고 속도

The **maximum speed limit** for all vehicles is 30km/h in the parking lot.
주차장에서 모든 차량의 제한 최고 속도는 30km/h이다.

Traffic and Parking Signs 교통 및 주차 표지판

Traffic and parking signs effectively direct vehicle and pedestrian traffic in different traffic situations.
교통 및 주차 표지판은 차량과 보행자의 다른 교통 상황에서 효과적으로 지시를 해준다.

Traffic Flow 교통 흐름

Please remember to follow our parking lot guidelines listed below to maintain a constant **traffic flow** in the parking lot.

주차장내의 지속적인 교통 흐름을 유지하기 위해 아래 적혀 있는 주차장 사용 수칙을 기억해 주시기 바랍니다.

Off-street Parking 노외 주차

Off-street parking means parking your vehicle anywhere but on the streets.

노외 주차는 차를 노상에 주차하는 것을 말한다.

Legitimate Parking Space 적법한 주차장소

When a **legitimate parking space** is unavailable, try to park at the valet parking zone.

적법한 주차 공간이 없으면 발렛 주차 구간에 차를 주차할 수 있도록 하십시오.

Automatic Number Plate Recognition 자동 번호판 인식

An **automatic number plate recognition** system offers a cost-effective way to control access and security in the parking lot.

자동 번호판 인식 시스템은 주차장의 출입과 안전을 관리하는 비용 효율이 높은 방식을 제공한다.

Permitted Vehicles 허용된 차량

During the weekend, the parking lot will be open and available for use for all **permitted vehicles**.

주말 동안 주차장은 개방이 되고 모든 승인된 차량에 한해 사용이 가능할 것이다.

Designated Disabled Parking Spaces 장애인 주차구역

Designated disabled parking spaces are reserved for persons who are permanently disabled.

지정된 장애인 주차구역은 장애를 가진 사람들을 위해 제공되는 공간이다.

Double Parking 이중 주차

Double parking means that someone has parked their car in a certain way that prevents another car from departing.

이중 주차는 다른 차가 출발하지 못하도록 누군가 한쪽 길을 막아 주차를 하는 것을 말한다.

Alley [ǽli] 골목

An **alley** is a narrow street or passageway between or behind buildings.

골목은 빌딩 사이나 뒷면의 좁은 길이나 인도를 말한다.

1) Overview

주차장의 요금 체계는 매우 다양하지만 월단위로 운영하는 주차와 각각의 시간별로 요금이 정해져 있는 경우가 대부분입니다. 주차장의 요금 체계는 고객들이 알기 쉽고 계산하기 편리하게 설명이 되어야 합니다. 특히, 사용 시간대별 요금에 대한 정책과 무료 주차와 주차 요금 할인 등에 대한 프로그램에 대해서도 충분히 홍보를 해줘야 합니다. 게다가 최근에는 주차장만을 전문으로 운영하는 업체들이 일찍 출근하는 사람들에게 할인혜택을 주는 Early Bird Program 등을 다양한 주차 정책을 이용하여 주차장에 추가 수익을 올리기도 합니다.

2) Keywords & Related Phrases with Example Sentences

Parking Validation Programs 주차 할인 제도

Parking validation programs are used as incentives to bring in customers to use one of the services available in the building.
주차 할인 제도는 빌딩에서 가능한 서비스로 고객을 유인하는 장려책으로 사용한다.

Parking Rates 주차 요금

Tenants and their visitors are eligible for reduced **parking rates** in the basement parking lot.
임차인과 방문자들은 지하 주차장의 감면된 주차 요금을 적용받을 수 있다.

Parking Income 주차 수입

Parking company will use the latest parking technology to increase and maximize **parking income**.

주차 회사는 주차 수입을 늘리고 최대화하기 위해 최신 주차 기술을 사용할 것이다.

Complimentary Parking Spaces 무상 주차 공간

All tenants get **complimentary parking spaces** based on their leasable area.

모든 입주사는 임대면적에 따라 무상 주차 공간을 받는다.

Automated Payment Machine 무인 정산기

Take the parking ticket to the **automated payment machine**, then insert the ticket and pay the parking fee.

주차권을 무인 정산기로 가져가서 기계에 집어넣고 주차비를 지불하세요.

Parking Coupon 주차 쿠폰

Parking coupons are non-exchangeable and non-cashable.

보통 주차 쿠폰은 교환이 불가능하고 현금으로 바꿀 수 없다.

Monthly Parking 월 정기주차

Discount rates are available for **monthly parking** tenants who park their eco-friendly vehicles in the parking lot.

주차 할인은 주차장에 친환경 자동차를 주차하는 임차인의 월간 정기권에 적용 가능하다.

Part **4**

부동산 금융과 법규의 이해
(Basic for Real Estate Finance and Regulations)

Chapter 1. 부동산 금융 및 가치평가
(Real Estate Finance and Valuation)

Topic 1 부동산의 가치평가 방법 (Real Estate Valuation Method)

---

1) Overview

오피스 빌딩의 가치를 평가하는 방식은 크게 3가지로 구분이 됩니다. 첫 번째
는 원가 방식으로 건물과 토지의 건축비용과 공시지가 등을 토대로 투입된 비
용을 통해 가치를 산출하는 방법입니다. 두 번째는 비교 방식으로 시장성의 원
리에 의해 시장에서 거래된 사례를 비교하여 가치를 산정하는 방법입니다. 마지
막으로는 수익방식으로 미래에 발생할 것으로 예상되는 수익을 적정한 환원이
율을 이용하여 가치를 산정하는 방법입니다. 오피스 빌딩의 경우에는 수익방식
과 비교 방식을 적절히 비교하는 방식을 많이 사용합니다.

2) Keywords & Related Phrases with Example Sentences

Valuation [væljuéiʃən] 가치평가

The office building property **valuation** process includes the analysis of
property transactions to determine comparable values of the building in
the market.

오피스 빌딩의 자산 가치평가 절차는 시장에서의 빌딩 가치를 비교할 수 있도
록 자산 거래 분석을 포함한다.

Variance [vέəriəns] 편차, 차이

A budget **variance** analysis in a monthly report addresses the differences between the budget and actual amount for income and expenses during operations.

월간 보고서의 예산 편차 분석은 운영 기간 중 수입과 비용에 대한 예산 대비 실적 차이를 설명해 준다.

Appraisal [əpréizəl] 감정평가

The **appraisal** department is responsible for determining values on property based on guidelines set by the government.

감정평가 기관은 정부에 의해 설정된 지침에 근거하여 자산의 가치 평가를 하는 역할을 한다.

Income Approach 수익 방식 (소득접근법)

The **income approach** is usually applied when valuing investment properties such as office buildings and retail properties.

수익 방식은 오피스 빌딩이나 상업용 자산의 투자 자산의 가치 평가를 할 때 주로 적용된다.

Cost Approach 원가 방식 (비용접근법)

The **cost approach** is modified based on recent sales information by building class in the market.

원가 방식은 시장의 빌딩 등급에 따라 최근의 매매 정보에 근거하여 수정된다.

Market Approach 시장 비교 방식 (시장접근법)

The **market approach** is defined as the most reasonable price that a property would sell for if exposed to the market.

시장 비교 방식은 매매 시장에 나온다면 책정될 가장 합리적인 가격으로 정의된다.

Building Evaluations 빌딩 가치평가

Property managers complete operation plans, cost reviews, existing **building evaluations**, and construction progress evaluations.

자산관리자는 운영 계획과 비용 검토, 빌딩 가치평가 그리고 시공 과정 평가 등을 완료해야 한다.

Capital Budget 투자 예산

A **capital budget** is a plan to finance fixed assets such major facilities and equipment.

투자 예산의 정의는 빌딩의 주요 설비와 장비 같은 고정 자산에 대한 금융 계획을 말한다.

Capitalization Rate 자본환원율

The **capitalization rate**, often called the cap rate, is the ratio of Net Operating Income (NOI) to property asset value.

Cap rate라고 불리는 자본환원율은 자산가치 대비 순운영수익의 비율을 말한다.

Regional Analysis 지역 분석

The **regional analysis** for an office building will emphasize the growing sectors of the regional economy.

오피스 빌딩의 지역 분석은 지역 경제 성장에 대해 강조를 할 것이다.

Neighborhood Analysis 근린 분석

An appraiser should perform a **neighborhood analysis** to identify the area that is subject to the same influences as the property being appraised.

감정평가사는 자산이 평가에 있어 동일한 영향을 받는 지역에 대한 확인을 위해 근린 분석을 실시해야 한다.

Property Analysis 자산 분석

During your commercial **property analysis**, the property manager should make sure that the price offered from the buyer is based on the fair market value.

상업용 자산 분석을 하는 동안 자산관리자는 공정한 시장 가격을 매수자가 제시를 했는지 확인해야 한다.

Market Analysis 시장 분석

A **market analysis** needs to be conducted to help determine if market conditions favor the development of office building on the site.

시장 분석은 시장 상황이 오피스 빌딩 개발에 도움이 되는지를 쉽게 결정하기 위해 진행할 필요가 있다.

Occupancy Projection 임대율 예측

A building valuation includes an estimation of the proposed building's **occupancy projection** based on the strengths and weaknesses of the property.

빌딩 가치 평가는 자산의 장단점에 근거하여 제안된 빌딩의 임대율 예측을 포함한다.

Trophy-quality Asset 최고의 자산

The property is a **trophy-quality asset** in the office market and consists of three office towers, a retail mall, and a hotel.

그 자산은 오피스 시장에서 최고의 자산이고 3개의 오피스 타워, 리테일 그리고 호텔로 구성되어 있다.

Adjacent [ədʒéisnt] 인접한

A property manager should consider the impact of the construction project at the **adjacent** building.

자산관리자는 건설 프로젝트로 인한 인접한 빌딩의 영향을 고려해야 한다.

After-Tax Cash Flow 세후 현금 흐름

During the real estate valuation, it is not easy to forecast future **after-tax cash flows** for each year of the holding period.

부동산 가치 평가를 하는 동안 보유 기간 각해의 세후 현금 흐름을 예측하는 것은 쉽지 않다.

Land Use Planning 토지 이용 계획

Land use planning plays a key role in real estate development projects in urban areas.

도심지역의 부동산 개발계획에서 토지 이용 계획은 중요한 역할을 한다.

Natural Vacancy Rate 자연 공실률

Due to the construction of large office buildings in Seoul, the vacancy rate has dropped below the **natural vacancy rate**.

서울의 대형 오피스 빌딩의 건설로 인해 공실률은 자연 공실률 이하로 떨어졌다.

Redevelop 재개발

Developers demolished an existing retail mall and **redeveloped** it into a new office building.

개발자는 지금의 리테일몰을 허물고 새로운 오피스 빌딩으로 재개발했다.

Opportunity Cost 기회 비용

The **opportunity cost** of a company-owned building should be considered when you make a decision on a development project.

회사 소유 빌딩에 대한 기회 비용도 개발 프로젝트에 대한 의사 결정시 고려해야 한다.

Topic 2 투자제안서의 작성 (Write an Investment Proposal)

1) Overview

부동산자산운용사나 부동산투자회사에서는 기관 투자자들에게 투자자금을 유치하기 위해 부동산투자에 대한 제안서를 작성하여 투자자들에게 설명을 하고 투자 참여를 권유하게 됩니다. 이런 투자제안서는 해당 부동산 투자에 대한 모든 자료가 함축적으로 요약되어 있고 투자자들이 쉽게 이해를 할 수 있도록 작성해야 합니다. 이는 투자자들에게 제공되는 공식 문서이면서도 투자에 있어 중요한 판단 기준이 될 수 있기 때문에 누구나 쉽게 이해할 수 있도록 준비할 필요가 있습니다.

2) Keywords & Related Phrases with Example Sentences

Lender [léndər] 대주, 빌려주는 사람

The **lender** charges the borrower 7% interest per month compounded monthly.

대주는 대출자에게 7%의 월 복리 이자율을 부과했다.

Letter of Intent 부동산 매입 의향서

A **letter of intent** is a document showing an intention to enter into a contract at a future date but creating no contractual relationship until that future contract has been made.

부동산 매입 의향서는 미래의 계약이 체결되기 전 특정일 까지 계약 관계를 갖지는 않지만 계약을 하겠다는 의향을 보여주는 문서이다.

Purchase Agreement 매매 계약서

A **purchase agreement** was signed last week by ABC Real Estate for the landmark office building in the Kangnam Area.

ABC 부동산은 강남에 있는 랜드 마크 오피스 빌딩의 매매 계약서를 지난 주 날인하였다.

Building Loan Agreement 빌딩 대출 약정

A **building loan agreement** is an agreement by which the lender advances money to a landlord at fixed stages of the construction period.

빌딩 대출 약정은 공사 기간 동안 고정된 이자율로 대주에게 돈을 빌려주는 계약이다.

Confidential Agreement 비밀유지 협약

Investors approved a **confidentiality agreement** after reviewing the investment proposal for a prime office building in Seoul.

투자자들은 서울의 프라임 오피스 빌딩에 대한 투자제안서를 검토한 후에 비밀유지 협약을 승인하였다.

Cost-benefit Analysis 비용 편익 분석

Every major development project requires a detailed **cost-benefit analysis**.

대부분의 주요 개발 프로젝트들은 세부적인 비용 편익 분석을 요구한다.

Absorption Rate 흡수율

Developers need to project an **absorption rate** to forecasted cash flows when preparing forecasted financial statements of the development.

개발자들은 개발의 재무제표 예측할 때 현금흐름을 예상하기 위해 흡수율을 예측해야 한다.

Commingled 혼합된

A **commingled** fund is a kind of financial portfolio in which investment capital from several investors are put into one account.

혼합 펀드는 한 개의 투자 계정에 다양한 투자자들의 자금이 들어있는 투자 포트폴리오의 한 종류이다.

Curb Appeal 건물의 인상

Curb appeal is the phrase describing the view that buyers or investors see when they drive by your projects or arrive for a showing.

건물의 인상은 매수자나 투자자들이 프로젝트를 지나거나 투어를 위해 도착했을 때 처음 보는 건물의 경관을 의미한다.

Rate of Return 수익율

A **rate of return** is a measure of profit as a percentage of investment.

수익율은 투자 수익율로 표기되는 수익 측정 방법이다.

Sensitivity Analysis 민감도 분석

Most analysts use MS Excel to perform a **sensitivity analysis**.

대부분의 분석가들은 민감도 분석을 하기 위해 엑셀을 사용한다.

Site Analysis 부지 분석

The purpose of a **site analysis** is to find the various site characteristics that affect the marketability and value of the office building.

부지분석의 목적은 오피스 빌딩의 시장성과 가치에 영향을 미치는 다양한 부지 특성을 찾기 위함이다.

Bridge Loan 브릿지 론

A **bridge loan** is a short-term real estate loan that is good until the property is performing well and stabilized.

브릿지 론은 자산이 운영이 잘 되고 안정화되기 까지의 부동산 단기 대출을 말한다.

Brownfield [bráunfiːld] 버려진 부지, 재개발부지

A **brownfield** is an area of land or property that has been previously used and become vacant.

브라운필드는 과거에 사용된 땅이나 자산으로 지금은 사용하지 않는 구역을 말한다.

Topic 3 부동산투자금융 기구 (Real Estate Investment Vehicles)

1) Overview

부동산 간접투자시장이 활성화되고 커지면서 부동산투자금융기구에 대한 관심이 지속적으로 높아지고 있습니다. 대표적인 부동산투자금융 기구는 자산운용사의 부동산 펀드나 부동산투자회사 즉, 리츠가 그 대표적인 예입니다. 실제로 이런 부동산 투자금융 기구에 의한 부동산 투자는 부동산 자산의 관리를 전문적인 자산관리가 맡아서 운영하게 됩니다. 따라서 전문적인 관리를 통해 최고의 수익율을 얻을 수 있도록 전문가들에 의해 운영될 수 있는 장점이 있습니다.

2) Keywords & Related Phrases with Example Sentences

Loan-to-Cost (LTC) 건설자금 대출 비율

The **loan-to-cost ratio** is the ratio of the construction loan to the total cost of a construction project.

건설자금 대출 비율은 건설프로젝트 비용 대비 대출을 위해 사용한 대출금의 비율이다.

Construction Loan 건설자금 대출

A **construction loan** is a short-term loan to finance the building phase of a real estate development project.

건설자금 대출은 부동산개발 프로젝트 빌딩 건설 단계의 단기 대출을 말한다.

Loan-to-Value (LTV) 담보대출 비율

The calculation for the **loan-to-value** ratio is the loan amount divided by the value of the collateral used for the loan.

담보대출 비율 계산은 대출을 위한 담보 가치를 대출금으로 나눈 것이다.

Land Acquisition Costs 대지 취득 비용

For the landlord, the fixed interest rate is more useful than the variable rate to cover the **land acquisition costs**.

임대인에게 대지 취득 비용을 감당하기 위해 변동이자율 보다는 고정이자율이 훨씬 더 유용하다.

Hard Cost 건축 비용

A **hard cost** is the purchase price of a hard asset including land, building, inventory, and equipment or machine.

건축 비용의 정의는 토지, 건물, 물품, 장비 혹은 기계 등을 포함하여 실물 자산을 구매하는 비용을 말한다.

Soft Cost 직접 건축비용 이외의 비용, 무형 비용

Soft costs are costs not directly related construction such as design fees, legal fees, financing costs, and pre-construction costs.

무형 비용은 디자인비, 법적 수수료, 금융 비용 그리고 건설 전 비용 같은 건축과 직접적인 관계가 없는 비용이다.

Furniture, Fixture & Equipment (FF&E) 가구, 집기, 비품

The scope of the tender is for the supply of **furniture, fixture & equipment (FFE)** for the all the company branch offices.

입찰 범위는 회사의 모든 분사무소에 대한 가구, 집기 및 비품의 공급을 포함한다.

Developer Equity 개발자 투자금

Less **developer equity** usually means an increased chance of losing control of the property.

개발자의 투자금이 적다는 것은 보통 자산에 대한 관리 권한을 잃는다는 것을 의미한다.

Mezzanine Financing 메자닌 금융 (성과 공유형 대출)

Mezzanine financing is a hybrid of debt and equity.

메자닌 금융은 부채와 자산 사이의 혼합적인 형태이다.

Senior Debt 선순위 부채

In the event of bankruptcy, subordinated debt holders will receive payment only after **senior debt** holders are paid in full first.

파산이 발생하면 후순위부채 소유자는 선순위 부채가 먼저 지급을 다 받은 후에 대금지급을 받을 것이다.

Capitalized Interest 자산으로 평가된 지급이자
(금융비용을 자산의 취득원가에 자본화하는 회계처리는 개념)

Capitalized interest is the interest added to the cost of a self-constructed long-term asset.

자산으로 평가된 지급이자의 개념은 자가 건설한 장기 자산에 붙는 이자 비용을 말한다.

Trophy Building 트로피 빌딩

A **trophy building** is a landmark property that is well-known by the public and highly sought after by institutional investors such as pension funds and insurance companies.

트로피 빌딩은 연기금이나 보험회사 같은 기관 투자자들에게 널리 알려져 있는 랜드마크 자산을 말한다.

Building Permit 건축 허가

You can review the updated permit application online before receiving the **building permit**.

건축 허가를 받기 전에 인터넷을 통해서 최신 허가신청 서류를 볼 수 있다.

Buy-Back Agreement 재매수 계약

The ABC Company, struggling with financial trouble, signed the sales contract with a **buy-back agreement** after 5 years.

자금문제로 어려움을 겪고 있는 ABC 회사는 5년 뒤 재 매수하는 조건의 매도 계약에 날인을 했다.

Buyer's Market 매수자 시장

Real estate brokers report that the commercial building industry is still a **buyer's market**.

부동산 중개업자들은 상업용 부동산 산업은 아직 매수자 시장이라고 발표했다.

capital call 캐피털 콜

Most real estate funds utilize a **capital call** structure for office building development projects.

대부분의 부동산 펀드들은 오피스 빌딩 개발 프로젝트에 캐피털 콜 구조를 사용한다.

Loan Prepayment Penalty 대출 조기상환 수수료

Real estate fund managers should be aware of a **loan prepayment penalty** when preparing funding structures.

부동산 펀드 매니저는 펀드 구조를 준비할 때 대출 조기상환 수수료 금액을 알고 있어야 한다.

Commitment Letter 확약서

During the construction period, the bank will issue a binding **commitment letter** to the landlord.

공사 기간 중에 은행은 임대인에게 구속력 있는 확약서를 발행해 줄 것이다.

Distressed Property 부실 자산

A company owned landmark building has failed to sell at a **distressed property** auction in Seoul.

회사 소유의 랜드 마크 빌딩은 서울의 부실 자산 경매에서 매각하는데 실패했다.

Earnest Money 계약금

Upon signing the MOU, the buyer of the office building will deposit 100 million KRW as **earnest money** into an escrow account.

양해각서 체결 후에 오피스 빌딩 매수자는 에스크로우 계좌에 계약금으로 1억을 입금할 것이다.

Refinance [rìːfinǽns, riːfáinæns] 차환하다

As interest rates have dropped, it is easy to **refinance** existing commercial loans or debt in favorable conditions.

이자율이 하락함에 따라 좋은 조건으로 현재의 상업 대출 및 부채를 차환하는 게 쉬워졌다.

1) Overview

부동산 금융을 이해하려면 몇 가지 중요한 금융용어를 이해할 필요가 있습니다. 그 중 하나는 현금유입액의 현재가치에서 현금유출액의 현재가치를 차감한 값을 말하는 순현재가치 NPV(Net Present Value) 라는 용어입니다. 그 다음으로는 투자금의 현재가치와 그 투자금으로 유입되는 미래 현금 유입액의 현재가치가 동일하게 되는 수익율인 내부수익율 IRR(Internal Rate of Return) 입니다. 그리고 자산가치를 평가하는 방법에 사용되는 현금흐름할인법 DCF(Discounted Cash Flow)은 미래의 가치에 할인율을 적용하여 미래의 불확실성을 반영하는 방법을 말합니다.

2) Keywords & Related Phrases with Example Sentences

Debt Service Coverage Ratio 부채감당율

Debt service coverage ratio (DSCR) is a measurement of a property's ability to generate enough revenue to cover the cost of its debts.
부채감당율(DSCR)은 자산이 충분한 수익이 발생하여 부채를 감당할 수 있는지를 측정하는 것이다.

Discount Rate 할인율

The **discount rate** is the rate of return used in a discounted cash flow analysis to determine the present value of future cash flows.

할인율은 미래현금의 현재 가치를 결정하는 할인현금흐름법에 사용되는 수익율이다.

Capital Gain 매각 차익

Capital gain is the amount by which an asset's selling price exceeds its initial purchase price.

매각 차익은 최초 구입 가격이 매도 가격을 초과한 금액을 말한다.

Net present value (NPV) 순 현재가치

Net Present Value (NPV) is the present value of an investment calculated by the discounted sum of all cash flows received from the project.

순 현재가치는 투자의 현재 가치를 결정하기 위해 프로젝트에서 발생하는 할인된 현금흐름의 합계를 말한다.

Internal Rate of Return (IRR) 내부 수익율

Internal rate of return is the interest rate at which the net present value of all the cash flows from a project or investment equals zero.

내부 수익율은 프로젝트나 투자로부터 발생하는 현금흐름의 현재가치를 0으로 만드는 할인율을 말한다.

Present Value 현재 가치

Present value is a formula used to calculate the present day value of an amount that is received at a future date.

현재 가치는 미래에 받을 금액의 현재 가치를 계산하기 위해 사용되는 공식이다.

Future Value 미래 가치

Future value calculations explain how much a sum invested today will grow in the future.

미래 가치 계산은 현재 투자한 합계가 미래에 어떻게 되는지를 설명해 준다.

Compound Interest 복리

The **compound interest** formula calculates the amount of interest earned on investment where the amount earned is reinvested.

복리 공식은 투자로 인해 발생한 이자를 재투자하여 발생한 금액을 이자로 계산한다.

Time Value of Money (TVM) 돈의 시간가치

A **time value of money** of 5% per year means that receiving KRW 1,050 one year from now is comparable to receiving KRW 1,000 today.

연간 5%의 돈의 시간가치는 오늘 1,000원을 받는 것에 비해 1년 후에 1,050원을 받는 것을 의미한다.

Non-performing Loan 부실 채권

A **non-performing loan** is a loan that is close to defaulting or is in default.

부실 채권의 정의는 거의 채무 불이행상태이거나 채무불이행중인 채권을 말한다.

1) Overview

오피스 빌딩 투자 방법에는 자산과 부채를 적절하게 구조화하는 금융 방식을 흔히 사용합니다. 대출자를 여러 가지 다른 조건으로 구성하여 상환순서나 금액을 조정하기도 합니다. 이외에 Sales & Leaseback처럼 매도인이 빌딩을 매각 후 임차인으로 전환을 하는 형태의 매매계약을 체결하기도 합니다. 그리고 빌딩을 매각한 후에 일정 기간이 지난 후에 다시 매입할 수 있는 Put Back Option을 하는 구조도 있습니다.

2) Keywords & Related Phrases with Example Sentences

Leverage [lévəridʒ] 차입

Leverage is most commonly used in real estate transactions through the use of loans to purchase property such as office buildings.
차입은 오피스 빌딩과 같은 자산을 구매하기 위해 부채를 사용하는 방법을 통해 부동산 거래에서 흔히 이용하고 있다.

Ground Lease 토지 임대차계약

Investors may want to consider entering into a long-term **ground lease** as a possible alternative to a sale and purchase.
투자자는 매각과 매입에 대한 가능한 대안으로 장기 토지 임대차계약 체결을 고려하고 있다.

Sales and Leaseback 매각 후 임차 방식

A **sale and leaseback** strategy enables the company to immediately take advantage of this additional value while enjoying all the advantages of using the property.

매각 후 임차하는 전략은 회사에게는 모든 자산을 이용하는 장점을 누리면서 이런 추가적인 가치를 누릴 수 있도록 해준다.

Master Lease 책임 임대차계약

The **master lease** is the primary lease that controls other subsequent leases and covers all the liability to pay rent and maintenance fees.

책임 임대차는 주임차인이 하위 임대차를 통제하고 임대료와 관리비 지급에 대한 모든 책임을 진다.

Preferred Bidder 우선 협상대상자

ABC Investments Partners were announced as the **preferred bidder** for the class A building development project in Seoul.

ABC 투자 파트너는 서울에 클래스 A 빌딩을 개발하는 우선 협상대상자로 선정되었다.

A Right of First Refusal 우선 매수권, 우선 임대권

According the lease agreement, a tenant shall have **a right of first refusal** to lease additional space in the building.

임대차계약에 따라서 임차인은 빌딩의 추가 공간에 대해 우선 임대를 할 수 있는 권한을 가지고 있다.

Equity Yield Rate 자기자본 수익율

Equity yield rate is the rate of return on the equity portion of an investment. 자기자본 수익율은 매각으로 발생한 세금 전에 부채 비용을 차감한 현금 흐름을 고려한 투자 대비 자본 수익율을 말한다.

Sale Cost 중개수수료 등 매각 비용

Sale cost includes the brokerage commissions and fees as well as any additional transaction costs that are incurred during the sale of the property. 매각 비용은 중개수수료 그리고 자산을 매각하면서 발생한 추가 거래 비용을 포함한다.

Mixed Use Development 복합 개발

The success of **mixed use development** arises from a design that demonstrates an in-depth understanding of all building types, including commercial offices. 복합 개발의 성공은 상업용 오피스 빌딩을 포함한 모든 빌딩 종류에 대한 깊은 이해를 보여주는 설계로부터 시작된다.

Feasibility Study 타당성 조사

From a project **feasibility study**, developers can evaluate a project's potential for success. 프로젝트 타당성 조사로부터 개발자는 프로젝트의 성공 가능성을 평가해 볼 수 있다.

Fiduciary [fidjúːʃièri] 수탁자

The ABC Company is managing around 500 global real estate assets in a **fiduciary** capacity. Such assets include office buildings, retail malls, and warehouses for both private and corporate clients.

ABC 회사는 개인 또는 법인 고객을 위해 오피스 빌딩, 리테일몰 그리고 창고를 포함하여 약 500개의 전 세계 부동산을 수탁 관리하고 있다.

Loan Commitment 대출 약정

Bank **loan commitments** will provide financing for the office building project covered by the development agreement with investors.

은행 대출 약정은 투자자들과 맺은 개발 계약에 따라 오피스 빌딩 프로젝트에 자금을 제공할 것이다.

Maturity [mətjúərəti] 대출만기, 지급기일

There will be a prepayment penalty when a loan is prepaid, in part or in full, prior to the loan **maturity** date.

대출 만기일 이전에 일부 또는 전부를 납부하면 조기상환수수료가 있을 것이다.

Down Payment 계약금

Down payment and closing cost assistance loans are available to reduce the amount of upfront money needed to purchase an office building.

계약금과 매매수수료 대출이 오피스 빌딩 구매를 위해 필요한 초기비용으로 사용 가능하다.

Chapter 2. 부동산 회계 및 관련 법규
(Real Estate Accounting and Related Regulations)

Topic 1 임대관리비 세금계산서의 발행 (Send a Tax Invoice)

1) Overview

오피스 빌딩에서 가장 중요한 것은 수익의 원천인 임대료 및 관리비의 청구와 이에 대한 회수를 하는 것입니다. 오피스 빌딩에서는 대부분의 임차인들이 법인이기 때문에 업무처리를 위해서 납기일 이전에 여유 있게 세금계산서를 발행하고 청구해야 합니다. 그래야 연체료 발생 시 민원을 최소화할 수 있습니다. 특히 전자세금계산서로 처리하는 경우에 수정이나 보완절차가 까다롭기 때문에 정확한 금액과 내역을 보내주고 이를 처리하기 전에 임차인과 확인하는 절차가 필요합니다.

2) Keywords & Related Phrases with Example Sentences

Rent Payments 임대료 납부

As a landlord, it is crucial to collect tenant **rent payments** on time every month.
임대인으로서 매달 제때 임차인의 임대료를 징수하는 것은 매우 중요한 일이다.

Tax Invoice 세금계산서

Each month the finance team issues a **tax invoice** to the tenant and the tenant pays rent by cash.

매달 재무팀에서는 임차인에게 세금계산서를 발행하고 임차인은 현금으로 임대료를 납부한다.

Tax Identification Number 납세자 번호, 사업자등록증 번호

It is critical that the **tax identification number** provided matches the name of the tenant's rent bill.

제출된 사업자등록증 번호가 임차인 임대료 고지서의 이름과 맞는지 확인하는 것은 중요하다.

Business License 사업자등록증

A **business license** will not be issued without a certificate of occupancy or lease contract.

사업자등록증은 점유 허가나 임대계약서가 없으면 발행되지 않는다.

Balance Sheet 대차대조표

The liabilities portion of the **balance sheet** includes any debt used to finance an office building development.

대차대조표의 부채 부분은 빌딩 개발을 위해 사용된 부채를 포함한다.

Reconcile All Accounts 모든 계정을 결산하다

A major role of the finance team is to **reconcile all accounts** and to prepare and present all financial reports to the landlord.

재무팀의 주요 역할은 모든 계정을 결산하고 임대인에게 재무보고서를 준비하고 보고하는 것이다.

Chart of Account 회계 계정

A **chart of accounts (COA)** provides a complete listing of every account in an accounting system.

회계 계정은 회계 시스템의 모든 계정 리스트를 제공한다.

General Ledger 총 계정원장

A **general ledger** is a record of financial transactions relating to a company's assets, liabilities, revenue, and expenses.

총 계정원장은 회사의 자산, 부채, 수입 그리고 지출과 관련된 모든 금융 거래의 기록이다.

Account Payable 미지급금

An **account payable** is a liability representing an amount owed to a supplier arising from the purchase of merchandise, goods, and services.

미지급금은 물품, 상품 그리고 서비스 구매로부터 발생되는 것으로 공급자에게 지급되어야 하는 금액이다.

Account Receivable 미수금

Delinquent **account receivables** must be reported to the landlord every month.

연체 미수금은 매달 임대인에게 보고해야 한다.

1) Overview

기업에서 사용하는 회계는 일상생활과는 조금 다른 개념이 있습니다. 그중에 눈여겨 봐야할 것은 발생주의와 현금주의인데 이런 회계 관련 용어의 의미를 이해할 필요가 있습니다. 기업회계에 있어 세금계산서의 발행을 기준으로 하는 회계처리를 하는 방식이 발생주의 회계입니다. 이와는 달리 현금이 들어오는 기준으로 회계처리를 하는 방식은 현금주의 회계입니다. 발생주의 회계를 적용하면 현금이 들어오지 않았더라도 임대료 세금계산서가 발행되었다면 매출로 처리를 하는 것입니다.

2) Keywords & Related Phrases with Example Sentences

Accrual Basis Accounting 발생기준 회계

Accrual basis accounting is the most commonly used accounting method, which reports income when earned and expenses when incurred. 발생기준 회계는 수입과 지출이 발생했을 때 보고하는 가장 흔히 사용되는 회계 방식이다.

Cash Basis Accounting 현금기준 회계

Cash basis accounting recognizes revenues when cash is actually received and expenses at the time they are actually paid.

현금기준 회계는 현금을 실제로 받았을 때 수익으로 인식하고 비용이 실제로 지급되었을 때 비용으로 인식한다.

Cash Flow 현금 흐름

Comparison of **cash flows** is the key for commercial real estate acquisition and development decisions making.

현금 흐름의 비교는 상업용 부동산의 취득과 개발 의사결정을 하는데 중요하다.

Combined Financial Statements 결합 재무제표

The government requires the preparation of **combined financial statements**.

정부는 결합 재무제표를 준비할 것을 요구한다.

Audit [ɔ́:dit] 회계감사

It is recommended to perform a lease **audit** and CAM audit of tenants regularly in office buildings.

오피스 빌딩 임차인의 임대료와 관리비에 대해서 정기적으로 회계감사를 하는 것을 권장한다.

Book Value 장부가

Total loss of ABC Company is equal to the difference between the **book value** of the building and its market value.

ABC 회사의 총 손실은 시장가치와 빌딩 장부가 차이와 같았다.

EBITDA (Earnings Before Interest, Tax, Depreciation and Amortization) 이자, 세금, 감가상각비 차감전 이익

The real estate fund's **EBITDA** and cash flows from its commercial office buildings have been relatively stable compared to last year.

부동산 펀드의 이자, 세금, 감가상각비 차감 전 이익과 상업용 빌딩들에서 나오는 현금흐름은 작년에 비해 상대적으로 안정되었다.

Equity Dividend 투자자 배당금

Investors want a stable **equity dividend** from office building development projects.

투자자들은 오피스 빌딩 개발 프로젝트로부터 안정적인 투자자 배당금을 원한다.

Fiscal Year 회계 연도

The national pension fund registered gains ranging between 7% and 12% at the end of 2015 **fiscal year**.

연금 펀드는 2016년 회계 연도 말에 7% 에서 12% 사이의 수익을 기록했다.

GAAP (Generally Accepted Accounting Principle) 일반회계원칙

GAAP should be adhered to when a company announces its financial statements outside of the company.

회사 외부에 재무제표를 공표할 때 일반회계원칙을 지켜야 한다.

Physical Life 물리적 내용 연수

The **physical life** for building equipment will vary from one to fifty years based on operating hours.

빌딩 장비의 물리적 내용 연수는 운영 시간에 따라 1년에 50년까지 다양할 것이다.

Straight-line 정액방식의

Rent expense still needs to be recognized on a **straight-line** basis.

임차료는 정액 방식으로 인식될 필요가 있다.

Tangible Property 유체 자산

New **tangible property** regulations impact tax accounting for commercial buildings and retail malls.

새로운 유체 자산에 대한 규정은 상업용 빌딩과 리테일몰의 세무 회계에 영향을 준다.

Topic 3 오피스 빌딩 관련 세금 (Tax on Office Buildings)

1) Overview

오피스 빌딩은 부동산이기 때문에 부동산 취득 시 발생하는 취득세부터 보유하면서 납부하는 재산세 그리고 매각 시 양도 소득세가 발생하게 됩니다. 그리고 운영 중에는 도로점용료, 환경개선부담금, 간주부가세, 면허세 등 다양한 세금이 부과가 됩니다. 이런 세금 납부 시에는 과세의 근거가 되는 과세표준을 확인하고 납기일을 정확히 확인하여 잘못 고지되거나 누락되는 일이 없도록 해야 합니다.

2) Keywords & Related Phrases with Example Sentences

Property Taxes 재산세

It is important to understand how **property taxes** are calculated and how property values are determined.
재산세가 어떻게 계산되고 자산가치가 어떻게 결정되는지 이해하는 것은 중요하다.

Acquisition Tax 취득세

Taxes levied at the purchasing stage of real estate include **acquisition tax** and value added tax.
부동산 취득 시에 발생하는 세금은 취득세와 부가가치세를 포함한다.

Registration Tax 등록세

The **registration tax** is imposed as a transfer tax with the acquisition of real estate assets.

등록세는 부동산 자산을 취득할 때 재산 이전세의 형태로 부과된다.

License Tax 면허세

The **license tax** is imposed when receiving various licenses.

다양한 면허를 취득하면 면허세가 부과된다.

Value Added Tax 부가가치세

Value added tax for buildings will be imposed at the sales stage but land is exempted.

빌딩에 대한 부가가치세가 매각 단계에서 부과되나 토지에 대한 것은 면제된다.

Deemed VAT 간주부가세

During the lease agreement, the landlord will be imposed a **deemed VAT** on key money.

임대계약 기간 동안 임대인은 보증금에 대한 간주부가세가 부과될 것이다.

Road Occupancy Charge 도로 점용료

Road occupancy charges will be set according to the square meters of space and period of occupation.

도로 점용료는 제곱미터 면적과 점유기간에 따라 부과된다.

Traffic Congestion Charge 교통유발 부담금

A **traffic congestion charge** is levied against the owners of buildings as traffic jams occur on the roads around those buildings.

교통유발 부담금은 빌딩 주변 도로에 교통정체를 유발하기 때문에 빌딩 소유주에게 부과된다.

Environmental Improvement Charges 환경개선 부담금

The **environmental improvement charges** are imposed and levied for using fuel or water in the building.

환경개선 부담금은 빌딩에서 연료와 용수를 사용함에 따라 부과된다.

Tax Exemption 면세

Recently, regulations for **tax exemptions** have been revised to reflect public opinions.

최근 여론을 반영하여 면세 규정이 개정되었다.

Tax Rate 세율

The **tax rate** levied on properties depends on the type of property.

자산에 부과되는 세율을 자산 유형에 따라 다르다.

Assessed Value 과세 평가액

A property tax bill is based on the **assessed value** of your property.

재산세 고지서는 자산의 과세 평가액에 근거하여 산정된다.

National Tax 국세

In Korea, VAT is a **national tax** which is added to the supply of goods and services.

한국에서 부가세는 재화와 용역의 공급에 부과되는 국세이다.

Local Tax 지방세

Local tax includes acquisition tax, property tax, registration license tax, and resident tax.

지방세는 취득세, 재산세, 등록면허세 그리고 주민세를 포함한다.

Topic 4 건축물대장과 부동산등기부등본
(Building Register and Certificate of Title)

1) Overview

건축물대장은 건물의 기본적인 시설 현황을 알려주는 중요한 공적장부입니다. 건축물대장을 통해 증축 등 준공 후 변동 사항이나 건물의 용도 현황을 살펴볼 수 있습니다. 등기부등본에는 건물 소유자의 현황과 각종 권리의 설정과 변동에 관한 사항을 찾아볼 수 있습니다. 두 가지 공적장부의 확인을 통해서 전반적인 건물의 구성과 현황을 파악해 볼 수 있습니다.

2) Keywords & Related Phrases with Example Sentences

Floor Area Ratio (FAR) 용적율

FAR is the ratio of the gross floor area of a building to the lot on which the buildingis located.

용적율은 건물 또는 건물이 위치해 있는 대지에 대한 총 층면적의 비율을 말한다.

Building Density 건축 밀도

Building density is the floor area of the building divided by the total area of the site.

건축 밀도는 부지 전체 면적으로 빌딩 전체 층 면적을 나눈 것을 의미한다.

Building Coverage Ratio 건폐율

Building coverage ratio is calculated as building coverage divided by lot area and presented as a percentage.

건폐율은 빌딩이 차지하고 있는 면적을 대지 면적으로 나누어 계산하여 퍼센트로 나타낸다.

Conduct A Title Search 권리관계를 조사하다.

When purchasing or leasing a property, it is important to **conduct a title search** before you proceed any further.

자산을 구매하거나 임대할 때 권리관계를 조사하는 것이 중요하다.

A Corporate Registration Certificate 법인등기부등본

The tenant should submit a **corporate registration certificate** within 30 days.

임차인은 30일내에 발행된 법인등기부등본을 제출해야 한다.

Building Register 건축물 대장

It is imperative that the tenant check the **building register** before signing the lease agreement.

임대차계약에 날인하기 전에 임차인은 건축물 대장을 확인할 필요가 있다.

Land Register 토지 대장

The **land register** provides real estate information, such as ownership data and third party rights on land.

토지 대장은 토지에 대한 소유권 정보와 제3자 권리와 같은 부동산 정보를 제공한다.

Register of Real Estate 부동산 등기부등본

The **register of real estate** provides lots of information about the property such as ownership of the building and status of legal relationship.

부동산 등기부등본은 빌딩의 소유권과 법적 권리관계 상태 등과 같은 많은 정보를 제공한다.

Building Permission 건축 허가

Gu office is deemed to have granted **building permission** for mixed used projects in the YBD area.

구청은 여의도 지역에 복합용도프로젝트에 대한 건축 허가를 내줄 것으로 보인다.

Specific Use Area 용도지역

There may be times when the law restricts the type of construction available to **specific use areas**.

법에 따라 특정 용도지역이나 특정 용도지구에는 건축에 대한 제한이 있다.

Topographical Map 지형도

Using **topographic maps**, land developers and others can plan their routes and directions more efficiently.

지형도를 이용하여 토지 개발자와 다른 사람들은 도로와 동선에 대해 효과적으로 계획할 수 있다.

Lot Number 지번

A new address system based on road names was introduced whereas the old system used **lot numbers**.

도로명에 근거한 새로운 주소 시스템이 소개되었고 기존의 지번을 사용한 주소 시스템과는 달랐다.

Land Category 지목

The purpose of a **land category** is to categorize and indicate types of land based on its use.

지목의 목적은 사용 목적에 근거하여 토지 종류를 구분하고 보여주기 위함이다.

District Unit Planning 지구 단위 계획

Before construction of the building, the **district unit planning** for land development needs to be changed.

건물을 짓기 전에 토지 개발을 위한 지구 단위 계획을 변경할 필요가 있다.

Officially Announced Land Price 공시지가

Officially announced land prices will be used to calculate property taxes.

공시지가는 재산세를 계산하기 위해 사용된다.

Topic 5 부동산 관련 법규 및 제도
(Real Estate Regulation and Legal System)

1) Overview

부동산과 관련된 법규와 제도는 그 범위가 매우 광범위 합니다. 건축, 금융, 투자, 세금 등 부동산과 관련된 분야가 다양하기 때문입니다. 특히 부동산의 법규와 제도는 수시로 변경이 되기 때문에 이런 변동 사항을 잘 파악하고 운영하고 있는 자산에 어떤 영향이 있을 수 있는지 수시로 검토를 해야 합니다. 왜냐하면, 법규와 제도의 변화로 인해 운영비용이나 수익에 변동이 생길 수 있기 때문입니다.

2) Keywords

Civil Act 민법

Financial Investment Services and Capital Markets Act

자본시장과 금융투자업에 관한 법률

Act on Special Measures for Designation and Management of Development Restriction Zones

개발제한구역의 지정 및 관리에 관한 특별조치법

Framework Act on the National Land 국토기본법

National Land Planning and Utilization Act

국토의 계획 및 이용에 관한 법률

Public Notice of Values and Appraisal of Real Estate Act

부동산가격공시 및 감정평가에 관한 법률 및 감정평가에 관한 규칙

Management and Support of Real Estate Development

Business Act

부동산개발업의 관리 및 육성에 관한 법률

Act on the Maintenance and Improvement of Urban Areas and Dwelling Conditions for Residents 도시 및 주거환경정비법

Real Estate Investment Company Act 부동산투자회사법

Asset-Backed Securitization Act 자산유동화에 관한법률

Corporate Tax Act 법인세법

Local Tax Act 지방세법

Framework Act on National Taxes 국세기본법

National Tax Collection Act 국세징수법

Trust Act 신탁법

Building Act 건축법

Act on the Ownership and Management of Condominiums 집합건물 소유 및 관리에 관한 법률

Strata Building Act 집합건물법

Foreigner's Land Acquisition Act 외국인토지법

Rental Housing Act 임대주택법

Urban Development Act 도시개발법

Act on Sale of Building Units 건축물의 분양에 관한 법률

Commercial Building Lease Protection Act 상가건물 임대차보호법

Registration of Real Estate Act 부동산등기법

Gross Real Estate Tax Act 종합부동산세법

Parking Lot Act 주차장법

Housing Act 주택법

Groundwater Act 지하수법

Sewerage Act 하수도법

Water Supply and Waterworks Installation Act 수도법

Traffic, Energy and Environment Tax Act 교통·에너지·환경세법

National Health Promotion Act 국민건강증진법

Road Name Address Act 도로명주소법

Road Traffic Act 도로교통법

Installation, Maintenance, and Safety Control of Fire-Fighting Systems Act 소방시설설치유지 및 안전관리에 관한 법률

Noise and Vibration Control Act 소음·진동규제법

Safety Control of Elevator Facilities Act 승강기시설 안전관리법

Special Act on the Safety Control of Public Structures 시설물의 안전관리에 관한 특별법

CCIM : Certified Commercial Investment Member 부동산투자분석전문가

CPM : Certified Property Manager 부동산자산관리사

CFA : Chartered Financial Analyst 국제재무분석사

Certified Investment Manager 투자자산운용사

Certified Real Estate Investment Manager 부동산자산운용전문인력

Certified Real Estate Development manager 부동산개발전문인력

Licensed real estate Agent 공인중개사

Certified Public Appraiser 감정평가사

Certified Public Accountants 공인회계사

Certified Architect 건축사

Real Estate Investment Trust (REIT) 리츠

Real Estate Fund 부동산펀드

찾아보기

영문색인

24/7 Security 24 시간/일주일 보안 _240

A Certificate of Seal-impression 인감증명서 _104

A Corporate Registration Certificate
    법인등기부등본 _307

A Duplicate Key 여벌의 열쇠 _157

A Flag Person 신호수 _261

A Right of First Refusal 우선 매수권, 우선 임대권
    _291

A Written Agreement With ~와 서면 계약 _73

A Written Permit Issued By 서명 승인된 _236

Absorption Chiller 흡수식 냉동기 _168

Absorption Rate 임대흡수율 _75

Absorption Rate 흡수율 _278

Access Card 출입 카드 _235

Account Payable 미지급금 _296

Account Receivable 미수금 _297

Accounting and Financial Reporting 회계 및 재무
    보고서 _35

Accrual Basis Accounting 발생기준 회계 _298

Acquisition Tax 취득세 _302

Act as a Liaison 대리인으로 일하다 _37

Act on Sale of Building Units 건축물의 분양에 관한
    법률 _312

Act on Special Measures for Designation and
    Management of Development
    Restriction Zones 개발제한구역의 지정
    및 관리에 관한 특별조치법 _311

Act on the Maintenance and Improvement of
    Urban Areas and Dwelling Conditions
    for Residents 도시 및 주거환경정비법
    _312

Act on the Ownership and Management of
    Condominiums 집합건물 소유 및 관리에

관한 법률 _312

Additional Charge 추가관리비 _58

Adjacent 인접한 _274

Advertise Your Green Efforts 친환경빌딩 관련
    노력을 홍보하다 _131

Advertising/Public Relations 광고와 대중 매체
    _245

Affiliate 관계회사, 자회사 _66

After-Tax Cash Flow 세후 현금 흐름 _274

Aging Elevator 오래된 엘리베이터 _208

AHU (Air Handling Unit) 공조기 _162

AHU Filter 공조기 필터 _160

Air Conditioning System 공기조화시스템 _162

Air Density Differences 공기 밀도 차이 _226

Air Exchanger 공기 교환기 _179

Air Filter 공기 여과기 _179

Air Respirator 공기호흡기 _216

Air Shaft 풍도 _146

Alley 골목 _265

Amendment 개정, 변경 _72

Amenities 편의시설 _45

Amenity 편의시설 _133

Amenity 편의시설 _144

Anchor Tenant 대형 임차인, 핵심 임차인 _78

Anchor Tenant 앵커 테넌트, 대형임차인 _47

Ancillary Tenant 소규모 임차인 _78

Antifreeze Liquid 부동액 _160

Appliance 소형 가전제품 _230

Appraisal 감정평가 _271

Arson 방화 _230

Asbestos Removal 석면 제거 _129

As-built Drawing 최종 도면, 준공 도면 _86

Asking Rental Rate 제안 임대가격 _48

As-needed Basis 필요한 즉시 기준 _123

Assessed Value 과세 평가액 _304

Asset-Backed Securitization Act 자산유동화에
    관한법률 _312

Assignment Agreement 양도계약 _68

Assignment of Lease 계약의 양도 _60

Attorney 변호사 _112

Audit 회계감사 _299

Authorized Persons 권한이 부여된 사람 _241

Automated Payment Machine 무인 정산기 _267

Automatic Number Plate Recognition 자동 번호판
    인식 _264

Average Annual Effective Rent 연평균유효임대료
    _57

Award of Bid 업체 선정 _141

Award 선정, 선정하다 _31

Background Check 사전조사 _32

Balance Sheet 대차대조표 _295

Bank Guarantee 은행 보증 _103

Bankruptcy 파산 _64

BAS Materials and Equipment 자동제어 자재 및
    장비 _194

BAS Service Maintenance Contract 자동제어
    유지관리 계약 _194

Base Rate 기본 임대료 _78

Battery Backup 배터리 보조전원 _193

Bid Evaluation 견적 평가 _141

Blackout 정전 _124

Boiler Tube Cleaning 보일러 세관 _169

Boiler Tube Repair 보일러 연관 보수 _176

Boiler Water Treatment Chemical 보일러 배관
    방청제 _169

Book Value 장부가 _300

Booster Pump 부스터 펌프 _160

Bothersome Sound 성가신 소음 _157

Break-even Point 손익분기점 _111

Break-even Point 손익분기점 _52

Bridge Loan 브릿지 론 _279

Brine Pump 브라인 펌프 _173

Broadband Services 광대역통신서비스 _210

Brokerage Commission 임대수수료 _54

Brownfield 버려진 부지, 재개발부지 _279

Buffer 충격감속장치 _205

Builder 시공사 _39

Builder's Warranty 시공사 하자보증 _40

Building Accessibility 빌딩 접근성 _81

Building Act 건축법 _312

Building Automation System (BAS)
    빌딩자동제어시스템 _138, 181

Building Completion Certificate 준공허가서 _24

Building Coverage Ratio 건폐율 _307

Building Density 건축 밀도 _306

Building Directory 빌딩 임차인 명판 _244

Building Envelope 건물 외피 _148

Building Escape Plan 빌딩 대피 계획 _232

Building Evaluations 빌딩 가치평가 _272

Building Facts 건물 개요 _46

Building Loan Agreement 빌딩 대출 약정 _277

Building Management Office 빌딩관리사무실 _37

Building Permission 건축 허가 _308

Building Permit 건축 허가 _283

Building Register 건축물 대장 _307

Building Retrofit Project 건물에너지 효율화
    프로젝트 _195

Building Safety Inspection 건축물 안전진단 _138

Building Visit 빌딩 방문 _81

Building Visitor Policy 빌딩 방문객 정책 _242

Burned Out Exit Lights 꺼진 비상구등 _231

Burned Out Light Bulbs 수명이 다한 형광등 _188

Bus Duct 부스 덕트 _189

Bus Passenger Waiting 버스 승강장 _262

Business Hours 업무 시간 _72

Business License 사업자등록증 _68, 295

Buy-Back Agreement 재매수 계약 _283

Buyer's Market 매수자 시장 _284

Bystander 구경꾼, 행인 _238

Cancellation Clause 해지 조항 _73

Cancellation 해지 _63

Canopy Cleaning 캐노피 청소 _249

CAPEX (Capital Expenditure) 자본적지출 _20

Capital Budget 투자 예산 _272

capital call 캐피털 콜 _284
Capital Expenditures (CAPEX) 자본적지출 _120
Capital Gain 매각 차익 _287
Capital Improvement 자본적 투자 _122
Capitalization Rate 자본환원율 _272
Capitalized Interest 자산으로 평가된 지급이자 _283
Car Door 카도어 _205
Car Operating Panel For the Disabled 장애인 조작 스위치 _207
Car Washing Services 세차 서비스 _132
Carpet Cleaning 카펫 청소 _247
Cash Basis Accounting 현금기준 회계 _299
Cash Flow 현금 흐름 _299
Caulking 코킹 (틈새 매우기) _250
CAV (Constant Air Volume) 정풍량방식 _163
CBD (Central Business District) 도심 지역 _81
CCIM : Certified Commercial Investment Member 부동산투자분석전문가 _313
Ceiling Air Diffusers 천정형 디퓨저 _96
Ceiling Height 천정 높이 _89, 94
Ceiling Return 천정 리턴 방식 _178
Ceiling Tile 천정 타일 _89
Ceiling-concealed Indoor Unit 천정 내장형 냉방유닛 _174
Ceiling-hung Air Handler 천정 타입 공조기 _165
Ceiling-mounted Occupancy Sensor 천정형 감지 센서 _197
Central Power-Control System 중앙 전력제어 시스템 _190
Certificate of Insurance 보험 증서 _126
Certificate of Occupancy 사용승인서 _28
Certified Architect 건축사 _313
Certified Asbestos Abatement Contractor 인증된 석면 제거 업체 _148
Certified Investment Manager 투자자산운용사 _313
Certified Public Accountants 공인회계사 _313
Certified Public Appraiser 감정평가사 _313

Certified Real Estate Development manager 부동산개발전문인력 _313
Certified Real Estate Investment Manager 부동산자산운용전문인력 _313
CFA : Chartered Financial Analyst 국제재무분석사 _313
Change Order 설계 변경 _30
Chart of Account 회계 계정 _296
Check-in/Check-out Book 방문객 입출입 서류 _243
Chilled Water 냉수 _172
Chiller Tube Cleaning 냉동기 세관 _137, 169
Chonsei Kwon 전세권 _102
Circuit Breaker Panel 차단기 분전반 _193
Circuit Breaker 차단기 _190
Circulating Pump 순환 펌프 _176
Cistern 물탱크, 물통 _171
Civil Act 민법 _311
Class A Building 상위 30~40% 그룹 _82
Class B Building 중간 그룹 _82
Class C Building 하위 10~20% 그룹 _83
Cleaning 미화, 청소 _246
Clear Height 천정 높이 _94
Co-brokerage Commission 공동중계수수료 _76
Code Requirement 법적 요건 _223
Cogeneration Equipment 열병합 장비 _199
Collateral 담보 _65
Column Spacing 기둥 간격 _94
Column-free Floor Plates 기둥없는 바닥 구조 _49
Combined Financial Statements 결합 재무제표 _299
Commercial Building Lease Protection Act 상가건물 임대차보호법 _312
Commingled 혼합된 _278
Commissioning Plan 인도계획 _29
Commitment Letter 확약서 _284
Common Area Maintenance (CAM) 관리비 _109
Common Area Maintenance 공용구역관리비 _47

Common Area 공용면적 _88, 147

Common Fire Hazards 흔한 화재 위험 _228

Company Fire Drill 회사 화재대피 훈련 _229

Competitive Building 경쟁빌딩 _75

Competitive Pricing and Highest Performance
경쟁력 있는 가격과 최고 효율 _140

Completion of Construction 준공 _39

Completion 건물의 준공 _28

Complimentary Parking Spaces 무상 주차 공간
_267

Compound Interest 복리 _288

Concession 제공되는 혜택, 양보 _44

Condenser 응축기 _167

Conduct A Title Search 권리관계를 조사하다 _307

Confidential Agreement 비밀유지 협약 _277

Conflict 충돌 _72

Connected to the Underground Transportation
Network 지하 교통 수단과의 연결 _49

Construction Loan 건설자금 대출 _280

Construction Management 시공관리 _42

Construction Phase 시공단계 _28

Consumer Price Index (CPI) 소비자물가지수 _56

Contract Management 계약 관리 _34

Contract Rent 계약 임대료 _52

Control Panel 제어반, 조작반 _189

Convector 컨벡터 _159

Cooling Capacity 냉방 용량 _163

Cooling Tower Chemicals 냉각수 약품 _174

Cooling Tower Water Treatment 냉각탑 수질관리
_137

Cooling Tower 냉각탑 _173

Cooling Water 냉각수 _173

Core-to-window Depth 코어에서 창까지 깊이 _49

Corporate Overhead Cost 간접비 _120

Corporate Tax Act 법인세법 _312

Corrective Maintenance 고장 수리 _140

Corridor 복도 _145

Cost Approach 원가 방식 (비용접근법) _271

Cost-benefit Analysis 비용 편익 분석 _277

CPM : Certified Property Manager
부동산자산관리사 _313

Crack and Crumble 갈라짐과 깨짐 _154

Crack 균열, 벌어진 틈, 깨진 틈 _19

Crawl Space 점검 공간(천정 등 기어서 점검하는 공간)
_146

Curb Appeal 건물의 인상 _278

Custodial Maintenance 일상 관리 _249

Damage 손상 _39

Damaged Ceiling 손상된 천정 _147

Dated 낡은, 구식의 _207

Day-to-Day Cleaning 일상 청소 _248

Debt Service Coverage Ratio 부채감당율 _286

Deduct 차감하다, 공제하다 _106

Deductible 자기부담금, 공제할 수 있는 _125

Deduction Notice 차감 통지 공문 _108

Deed Recording Fee 등기 수수료 _104

Deemed VAT 간주부가세 _303

Defect 하자, 결점, 부족, 결여 _19, 38

Deferred Maintenance 이연 유지보수, 이연 수선
_140

Delinquency 연체 _105

Delinquent Sum 총 연체대금 _108

Delinquent Tenant 연체 임차인 _108

Delivered 공급된 (빌딩) _28

Demised Premises 임대된 자산 또는 건물 _70

Demising Walls 경계벽 _89

Demonstration 데모 _238

Deodorizer Unit 탈취기(악취제거유닛) _185

Deposit Refund 보증금 반환 _116

Deposit 보증금 _43

Depreciation & Amortization 감가상각과 상각 _120

Designated Disabled Parking Spaces 장애인
주차구역 _265

Destination Dispatch Elevator 목적층 예약
엘리베이터 _203

Developer Equity 개발자 투자금 _282

Diesel Oil 경유 _199

Digital Video Management System DVMS 시스템
(CCTV) _214

Directions 길안내 _44

Disabled 장애우 _243

Discount Rate 할인율 _287

Discretionary Rights 재량권, 선택권 _58

Distressed Property 부실 자산 _285

Distribution Panel 배전반 _188

District Unit Planning 지구 단위 계획 _309

Doormat 도어 매트 _252

Double Net Lease 더블넷 리스, 임차인이 세금과 빌딩
보험을 부담하는 임대 _55

Double Parking 이중 주차 _265

Double-entry Door 양개문 _157

Down Payment 계약금 _293

Drainage 배수 _172

Driveway 도로 _146

Dry Chemical Fire Extinguishers 분말 소화기 _233

Drywall 석고판 _93

Duct Cleaning 덕트 청소 _250

Duct Return System 덕트 환기 시스템 _178

Ductwork 배관, 덕트 _165

Due Diligence 자산실사 _24

Duration of Lease 임대 기간 _100

Early Termination 조기 임대차 해지 _116

Earnest Money 계약금 _285

EBITDA (Earnings Before Interest, Tax,
Depreciation and Amortization) 이자,
세금, 감가상각비 차감전 이익 _300

Effective Date 발효일, 유효기일 _72

Effective Rent 실질 임대료 _53

Efficiency Ratio 전용율 _60

Egress Stairs 피난 계단 _220

Egress 탈출 _233

Electric Meter 전기 검침 _211

Electrical Closets / Electrical Rooms 전기실 _192

Electrical Materials and Supplies 전기 자재 _199

Electrical Short 누전 _230

Elevator and Escalator Maintenance E/L, E/S
유지관리 _201

Elevator Bank 엘리베이터 홀 _201

Elevator Control System 엘리베이터 제어 시스템
_201

Elevator LCD Screen 엘리베이터 LCD 스크린 _245

Elevator Maintenance 엘리베이터 관리 _138

Elevator Malfunction 엘리베이터 고장 _200

Elevator Modernization Project 엘리베이터 개선
프로젝트 _209

Elevator Piston Effect 엘리베이터 움직임으로 인해
생기는 압력차 _225

Elevator Spare Parts 엘리베이터 자재 _201

Emergency Button Within the Cab 엘리베이터 내부
비상 버튼 _200

Emergency Elevator 비상 엘리베이터 _202

Emergency Evacuation 비상 탈출 _222

Emergency Lighting level 비상조명 조도 _218

Emergency Procurement 긴급 조달, 긴급 구매 _140

Emergency Response Plan 비상 대응 계획 _229

Emergency Stop Button 비상 정지 버튼 _204

Employee Meeting Place 대피 후 모이는 장소 _233

Energy Audit 에너지 점검 _209

Energy Consumption 에너지 소비 _195

Energy Cost Savings 에너지 비용 절감 _209

Energy Management Plan 에너지 관리계획 _195

Energy Reduction 에너지 감축 _130

Entrance Flooring 출입구 바닥 _154

Entry Barriers 출입구 _263

Environmental Improvement Charges 환경개선
부담금 _304

Equity Dividend 투자자 배당금 _300

Equity Yield Rate 자기자본 수익율 _292

Escalation 인상 _110

Estimate 견적서, 견적을 내다 _135

Evacuation Procedure 비상탈출 절차 _232

Evaporator 증발기 _167

Eviction Notice 명도 통지 _113

Eviction Suit 명도 소송 _113

Eviction 퇴거 _34

Eviction 퇴거, 명도 _115

Exhaust Air 배기 _178

Expansion Tank 팽창탱크 _175

Expansion 증평 _62

Expense 비용 _119

Extension 계약 연장 _60

Exterior Wall 외벽 _250

Facade 파사드 _148

Face Rent 명목 임대료 _52

Facility Management 시설관리 _36

Fall Accident 낙상 사고 _124

Fan Coil Unit 펜코일유닛 (FCU) _176

Faucet 수도꼭지 _255

Faulty Drainage 잘못된 배수 _40

Faulty Electrical Wiring 잘못된 전선 연결 _41

FCU (Fan Coil Unit) 팬코일유닛 _163

Feasibility Study 타당성 조사 _292

Feed Water Pump 급수 펌프 _176

Fiber-optic Backbone 광전송망 _191

Fiduciary 수탁자 _293

Financial Assistance 재정지원 _56

Financial Investment Services and Capital
          Markets Act 자본시장과 금융투자업에
          관한 법률 _311

Finishing Materials 마감재 _23

Fire & Life Safety Systems 방재 시스템 _216

Fire Alarm Devices 화재 알람 도구 _221

Fire Alarm Receiver 화재 수신기 _212

Fire Alarm Sensor 화재 감지기 _213

Fire Alarm Station 발신기 _215

Fire and Life Safety Materials 소방시설 자재 _219

Fire Damper 방화 댐퍼 _227

Fire Detection and Alarm System 화재감지 및 알람
          시스템 _217

Fire Detection Systems 화재 감지 시스템 _217

Fire Door 방화문 _214

Fire Drill Training 소방 교육 훈련 _220

Fire Extinguishers 소화기 _213

Fire Facilities Inspection 화재 설비 점검 _220

Fire Hydrant Pump 소화설비용 펌프 _216

Fire Hydrant 소화전 _215

Fire Insurance 화재 보험 _126

Fire Prevention and Emergency Response 화재
          예방 및 비상 대응 _228

Fire Prevention and Safety Equipment 방재 및
          안전 장비 _217

Fire Protection Equipment & Systems 방재도구
          및 시스템 _217

Fire Protection System 소방 시스템 _214

Fire Rated Partition 내화구조 칸막이 _213

Fire Retardant [re-tar-dent] 방염 처리 _95

Fire Safety 화재 안전 _229

Fire Sprinkler 스프링클러 (살수장치) _212

Fire Switch 화재 스위치 _206

Fire Warden 방화관리자 _220

Firefighter 소방관 _232

Firestop 방화칸막이 _213

First Refusal 임차인의 우선 협상권 _67

Fiscal Year 회계 연도 _300

Fit-out Period 인테리어 공사기간 _54

Flame Detector 화염 감지기 _233

Floor Area Ratio (FAR) 용적율 _306

Floor Finishes 바닥 마감 _158

Floor Load Capacity 층 하중 _149

Floor Plan 평면도 _88

Floor Plate 바닥면적 _45

Floor Warden 층 방화관리자 _231

Floor-mounted Air Handler 바닥 타입 공조기 _165

Fluorescent Bulb 형광등 _188

Foot-candle Level 광량 (초하나의 광량) _192

Force Majeure 불가항력 _127

Forecast 예상, 예측 _121

Foreigner's Land Acquisition Act 외국인토지법

_312

Framework Act on National Taxes 국세기본법 _312

Framework Act on the National Land 국토기본법 _311

Free Rent 무상임대기간 _51

Freight Elevator 화물용 엘리베이터 _202

Functional Testing 기능 테스트 _29

Furniture, Fixture & Equipment (FF&E) 가구, 집기, 비품 _282

Future Expansion 향후 증평 _77

Future Value 미래 가치 _288

GAAP (Generally Accepted Accounting Principle) 일반회계원칙 _301

Garbage and Trash Disposal 쓰레기 처리 _247

Gas Facilities Inspection 가스 설비 검사 _136

General First Aid Supplies 응급 처치 제품 _241

General Ledger 총 계정원장 _296

Generator 발전기 _187

Genset 발전기 _198

Glass-walled Buildings 유리로 마감된 빌딩 _148

Gondola Maintenance 곤도라 유지관리 _202

Grace Period 유예기간 _60

Green Building Certificate 그린 빌딩 인증 _129

Grey Water 중수 _184

Gross Area 총 임대면적 _87

Gross Leasable Area 총임대면적 _47

Gross Lease 그로스 리스, 모든 비용과 세금까지 임대인이 부담 _55

Gross Real Estate Tax Act 종합부동산세법 _312

Ground Lease 토지 임대차계약 _290

Grounding 접지 _193

Groundwater Act 지하수법 _312

Guarantor 보증인 _101

Guaranty 보증, 보증인 _61

Guide Dog 장애인 안내견 _243

Hall Door 홀도어 _204

Handicap Parking 장애인 주차구역 _260

Handover 양도, 인계 _18

Hard Cost 건축 비용 _281

Hard Hat 안전모 _151

Hazardous Waste 유해 폐기물 _130

Hearing Protection 청력 보호기 _152

Heat Exchanger Cleaning 열교환기 세관 _169

Heat Exchanger 열교환기 _175

Heat Rejection Rate 발열량 _195

Heavy People Flow 많은 사람의 이동 _206

Highest and Best Use 최고최선의 이용 _70

High-performance Curtain Wall 고성능 커튼월 _131

High-rise 고층부 (25층 이상) _22

Hoistway 호이스트, 승강구 _205

Housing Act 주택법 _312

Hunting Down Late Payments 연체료 회수 _34

HVAC & MECH SVC Contract Service 공조기 및 설비 유지보수 _135

HVAC Overtime Usage 시간외 냉난방 _196

HVAC Spares and Consumables 냉난방 공조관련 소모품비 _161

HVAC System (Heating, Ventilation, and Air Conditioning) 공기조화시스템 _163

Ice-storage System 빙축열 시스템 _181

Illegal 불법의 _71

Illumination 조도 _86

Improper Landscaping and Irrigation 부적절한 조경과 관수 _40

Improper Materials 부적절한 자재 _41

In the Event of Fire 화재 발생시 _221

Inadequate Firewall Protection 부적절한 방화벽 처리 _42

Incident Reporting Form 사고 보고 양식 _123

Income Approach 수익 방식 (소득접근법) _271

Indoor Air Quality Test 실내 공기질 테스트 _137

Indoor Air Quality Testing 실내 공기질 테스트 _179

Inflation Rate 물가 인상률 _110

Ingress/Egress 입구/출구 _145

Inspection of Static Pressure Controller 정압기

분해 점검 _136

Inspection Report 점검 보고서 _139

Inspection 점검 _93

Installation, Maintenance, and Safety Control of Fire-Fighting Systems Act 소방시설설치유지 및 안전관리에 관한 법률 _313

Insufficient Insulation 불충분한 단열 _41

Insulated 절연처리가된 _166

Insulation 단열 및 방음 _93

Insurance Coverage 보장 한도 _127

Integrated Daylight Sensor 채광 센서 _197

Interest Expense 이자 비용 _119

Interest Income 이자수입 _107

Internal Rate of Return (IRR) 내부 수익율 _287

Inventory 오피스 공급량 _79

Joint Tenancy 공동 소유권 _104

KBD (Kangnam Business District) 강남 지역 _82

Keep Equipment in Good Shape 기기들은 좋은 상태로 관리하다 _211

Land Acquisition Costs 대지 취득 비용 _281

Land Category 지목 _309

Land Register 토지 대장 _308

Land Use Planning 토지 이용 계획 _275

Landlord 임대인, 건물주 _64

Landscape Architect 조경사 _257

Landscape 조경 _256

Late Fee 연체료 _107

Late Notice 연체 통지 _106

Lavatory 변기, 화장실 _254

Leadership in Energy & Environmental Design (LEED) 미국 친환경빌딩인증 _128

Leasable Area 임대가능면적 _87

Lease Abstract 임대정보요약 _76

Lease Area 임대면적 _67

Lease Buyout 조건부 임대차 계약 종료 _53

Lease Drafting 임대차계약서 초안 _51

Lease Expiration 만기해지 _69

Lease Proposal 임대제안 _50

Lease Renewal 임대차 재계약 _57

Lease Renewal 재계약 _67

Lease Term 계약기간 _67

Lease Termination 계약종료 _67

Leasehold Rights 임차권 _102

Leasing Activity Report 임대 활동 보고서 _79

Leasing agent 임대 에이전트 _79

Leasing Flyer 임대 안내문 _46

Legal Fee 법률 검토 수수료 _113

Legitimate Parking Space 적법한 주차장소 _264

Lender 대주, 빌려주는 사람 _276

Less Energy Consumption 에너지 소비를 줄인 _174

Lessee 임차인 _63

Lessor 임대인 _63

Letter of Credit 보증서 _103

Letter of Intent 부동산 매입 의향서 _276

Leverage 차입 _290

Liability Insurance 책임 보험 _127

License Plate Recognition System 자동번호판 인식시스템 _259

License Tax 면허세 _303

Licensed real estate Agent 공인중개사 _313

Licensing and Permits 면허와 허가서 _25

Lien 담보권, 권리 _126

Life Safety and Emergency Procedures 인명안전과 비상시 절차 _221

Light Fixtures 조명 기구 _88

Light Level 조도 _192

Lighting Control System 조명 제어 _190

Lighting Fixture 전등 기구 _191

Lighting Retrofits 전등 개량 공사 _196

Loading Dock 집하장 _95

Loan Commitment 대출 약정 _293

Loan Prepayment Penalty 대출 조기상환 수수료 _284

Loan-to-Cost (LTC) 건설자금 대출 비율 _280

Loan-to-Value (LTV) 담보대출 비율 _281

Local Tax Act 지방세법 _312

Local Tax 지방세 _305

Location 위치 _80

Locksmith 자물쇠업체 _156

Lost and Found 유실물, 잃어버린 물건 _245

Lost or Stolen ID Cards 분실 또는 도난된 출입카드 _241

Lot Number 지번 _309

Lot Size 대지 면적, 매입면적 _24

Low-rise 저층, 저층부 (보통 7층까지) _21

Low-VOC-emitting Material 휘발성 유기 화합물을 적게 포함한 자재 _180

Lubricants 윤활유 _27

Machine Room 기계실 _205

Magnetic Brake 자석식 브레이크 _205

Mailbox & Courier 메일함 및 택배 서비스 _133

Mailroom 우편물실 _245

Main Causes of Fire 화재 주요 원인 _229

Main Rope 메인 로프 _204

Maintenance Fee 관리비 _44

Malfunction or Error 오작동 및 에러 _30

Malfunction 오작동 _218

Management and Support of Real Estate Development Business Act 부동산개발업의 관리 및 육성에 관한 법률 _311

Management Plan 관리 계획 _36

Manned By Security Personnel 보안 요원이 배치되어 있다 _241

Manual Pull Alarm 수동 알람 _230

Marble Polishing 대리석 광택 _153

Market Analysis 시장 분석 _273

Market Approach 시장 비교 방식 (시장접근법) _272

Master Lease 책임 임대차계약 _291

Material Guidelines 자재 가이드라인 _96

Maturity 대출만기, 지급기일 _293

Maximum Occupancy Level 최대 상주 인원 _81

Maximum Operating Efficiency 최대운영효율 _30

Maximum Speed Limit 제한 최고 속도 _263

Mechanical Failure 기계오작동 _30

Medium Pressure Duct 중압 덕트 _164

MEP Consultant (Mechanical, Electrical, Plumbing) 기계전기배관 컨설턴트 _164

Metering Services 검침 서비스 _210

Mezzanine Financing 메자닌 금융 (성과 공유형 대출) _282

Mid-rise 중층, 중층부 (7~25층 사이) _21

Millwork 목제품 _95

Miscellaneous Cleaning Supplies 기타 청소 소모품 _247

Miscellaneous HVAC Repair Supplies 기계설비 자재 _162

Mixed Use Development 복합 개발 _292

Modified Lease 비용 분담 협의한 임대 _55

Monthly Newsletter 월간 뉴스레터 _49

Monthly Parking 월 정기주차 _268

Move-in Inspection 입주시 현장 점검 _33

Move-in 이사, 입주 _93, 97

Mover 이삿짐 운반업자 _91

Moving Allowance 이사 보조금 _57

Multi-tenant Floor 분할임대층 _47

National Health Promotion Act 국민건강증진법 _313

National Land Planning and Utilization Act 국토의 계획 및 이용에 관한 법률 _311

National Tax Collection Act 국세징수법 _312

National Tax 국세 _305

Natural Breakpoint 퍼센테이지 렌트 초과 시점 _70

Natural Light 자연 채광 _191

Natural Vacancy Rate 자연 공실률 _275

Neighborhood Analysis 근린 분석 _273

Neighborhood Facilities 근린생활시설 _84

Net Area 전용면적 _68

Net Leasable Area 전용 면적 _88

Net Lease 넷리스, 임차인이 운영비용을 부담하는 임대 _55

Net Occupancy Cost (NOC) 순점유비용 _53

Net Operating Income (NOI) 순운영수입 _120

Net present value (NPV) 순 현재가치 _287

Neutral Detergent 중성 세제 _251

New Lease 신규임대 _66

Noise and Vibration Control Act 소음·진동규제법 _313

Non-ambulatory Persons 보행이 어려운 사람 _232

Non-performing Loan 부실 채권 _289

O&M Manual 운영 및 유지 메뉴얼 _138

Obsolescence 노후화, 구식화 _21

Occupancy Permit 사용승인 _25

Occupancy Projection 임대율 예측 _274

Occupant Satisfaction 임차인 만족 _37

Occupy 차지하다, 점유하다 _65

Odor Control 냄새 관리 _186

Offer Recommendations on Repairs 수리의 권고 _31

Off-hour Charge 업무 외 시간 관리비 _59

Office Use 업무시설 _84

Officially Announced Land Price 공시지가 _310

Off-peak Usage 사용량이 적은 시기 _208

Offset 상계하다, 상쇄하다 _106

Off-street Parking 노외 주차 _264

Oil Pump 연료 펌프 _199

Oil Tank 연료 탱크 _198

On a First-Come, First-Served Basis 선착순 제도 _263

On-site Property Management Team 상주 자산 운영팀 _37

Open Bid 공개 입찰 _134

Operating Deficit 운영 적자 _121

Operating Expenses 운영 비용 _119

Operational Changes 운영상 변경 _25

Opportunity Cost 기회 비용 _275

Optimal Function 최적 기능 _29

Optimal Light Level 최유효조도 _192

Option to Cancel 해지 권리 _70

Option to Expand 증평 권리 _69

Option to Renew 재계약 권리 _69

Origination Costs and Taxes 취득비용과 세금 _121

Outdated Facilities 노후화된 시설 _23

Outdoor Air 외기 _178

Overdue Amount 연체된 대금 _107

Overspeed Governor 가버너, 과속 조속장치 _203

Overtime HVAC 업무 시간외 냉난방 _174

Owner's Goals and Objectives 소유주의 목표와 목적 _36

Ownership 소유주, 소유권 _45

Painting Contractors 도색 업자 _150

Panel Board 분전반 _189

Parent Company Guarantee 모회사 보증 _103

Parking Area 주차 구역 _260

Parking Coupon 주차 쿠폰 _267

Parking Income 주차 수입 _267

Parking Lot Act 주차장법 _312

Parking Rates 주차 요금 _266

Parking Ratio 주차가능 공간비율 _48

Parking Validation Programs 주차 할인 제도 _266

Passenger Elevator 승객용 엘리베이터 _202

Pass-throughs 임차인에게 부과되는 운영 비용 _111

Patching and Resurfacing 도로 부분 보수 _155

Pavement Marking 도로 노면 표시 _261

Paving 도로포장 _154

Payback Period 회수 기간 _196

Payment Schedule 지급일정 _73

Payment 지급, 납부 _66

Peak Demand Usage 최고 많이 사용하는 시기 _208

Peak Usage Time 전력 최대 사용시간 _197

Percentage Rent 수수료 연동 임대료 _51

Performance Bond 이행보증보험 _92

Performance Inspection for Boiler 보일러 성능 검사 _136

Periodic Check 주기적인 점검 _207

Permitted Vehicles 허용된 차량 _265

Personal Protection Equipment 개인 보호 장비 _151

Pest Control 방역 _250
Photo Shoots 사진 촬영 _239
Physical Due Diligence 물리적 자산실사 _23
Physical Life 물리적 내용 연수 _301
Pledge Rights 질권 _103
Plumbing System 배관 시스템 _164
Plumbing 배관 _183
Poor Sound Protection 불충한 방음 _42
Portable Emergency Light 휴대용 비상 조명등 _215
Post-construction 시공 후 _29
Power of Attorney 위임장 _102
Precaution 예방책 _229
Pre-commissioning 시운전 _26
Pre-construction 시공전 _26
Pre-defined Tenant Criteria 입주사 선정기준 _33
Preferred Bidder 우선 협상대상자 _291
Pre-leased Space 완공전 임대된 공간 _48
Preliminary Drawing 기획 도면 _90
Premises 부동산, 건물 _65
Present Value 현재 가치 _288
Pressurizing the Fire Area 화재 공간 가압 _226
Pre-trial Settlement 제소전화해 _113
Preventive Maintenance 예방관리, 예방점검 _24,
        139
Prior Notice 사전 통지 _110
Prior Written Approval 사전 서면 승인 _240
Pro Rata Share 구분소유 _85
Property Analysis 자산 분석 _273
Property Highlights 건물 장점 소개 _46
Property Inspection 자산점검 _35
Property Insurance 재산종합보험 _92
Property Management 자산관리 _36
Property Taxes 재산세 _302
Prospective Tenant 가망 임차인 _75
Protective Board 보양재 _206
Proven Track Record 검증된 경험을 가진 _35
Provision 조항 _71
Provisional Seizure 가압류 _113

Public Address System 비상 방송 시스템 _216
Public Area 공용 공간 _147
Public Arts 공공 미술 _257
Public Notice of Values and Appraisal of Real
        Estate Act 부동산가격공시 및 감정평가에
        관한 법률 및 감정평가에 관한 규칙 _311
Public Open Spaces 공개 공지 _257
Punch List 하자 리스트 _42
Purchase Agreement 매매 계약서 _277
Purchase Order (PO) 구매 지시서 _139
Quotation 견적 _134
Radius Clause 근거리 동종업종금지 _70
Rain Gutters and Downspouts 빗물 홈통 _22
Rate of Return 수익율 _278
Rated Flow Rate 정격 풍량 _178
Real Estate Fund 부동산펀드 _313
Real Estate Investment Company Act
        부동산투자회사법 _312
Real Estate Investment Trust (REIT) 리츠 _313
Realtors and Leasing Agents 부동산중개인 _32
Recalibrated 재조정 _211
Recently Rented Comparables 최근 임대사례 _32
Reconcile All Accounts 모든 계정을 결산하다 _296
Recycled Stormwater 빗물 재활용 _130
Recycling Services 재활용 서비스 _248
Redevelop 재개발 _275
Reduction 감평 _64
Refinance 차환하다 _285
Reflective Safety Vest 반사 안전 조끼 _151
Refrigerant 냉각제, 냉매 _27
Refuge Areas 대피처 _233
Regional Analysis 지역 분석 _273
Register of Real Estate 부동산 등기부등본 _308
Registered Mail 등기 우편 _110
Registration of Real Estate Act 부동산등기법 _312
Registration Tax 등록세 _303
Registry Office 등기소 _104
Remedy 개선하다, 법적구제, 해결책 _58

Remote Metering System 원격 검침 _190

Rendering 투시도 _149

Renewable Energy 재생 에너지 _130

Renewal Application 연장 신청서 _262

Renewal 재계약 _100

Renovation 보수공사 _19

Rent 임대료 _44, 109

Rent Abatement 임대료경감 _76

Rent Concession 무상임대기간 _57

Rent Increases (Escalation) 임대료 인상 _56

Rent Payments 임대료 납부 _294

Rent Roll 임대정보 _75

Rentable Area 임대가능면적 _77, 87

Rental Housing Act 임대주택법 _312

Rent-free Period 무상임대기간 _53

Rent-roll 렌트롤, 임대계약 및 임차료 현황 _99

Repair of Generator 발전기 보수 _199

Repair of Other HVAC Facilities 기타 냉난방시설 보수 _161

Repair of Packaged Air-Conditioners 패키지 에어컨 보수 _161

Repair of Pumps 펌프 수리 _161

Repair 보수, 수리, 수선 _19

Replacement 교체 _20

Replenish 다시 채우다, 보충하다 _106

Request for Proposal 제안서 요청 _141

Reserve Fund 유보금 _122

Respirator 마스크(연기, 먼지 차단을 위한) _152

Restoration Obligation 원상복구 의무 _116

Restroom 화장실 _145

Retrofit 중요시설물의 개보수, 구형 장치의 개조 _20

Return Air 환기 _177

Revenue 수입 _118

Revolving Door 회전문 _156

Road Name Address Act 도로명주소법 _313

Road Occupancy Charge 도로 점용료 _303

Road Traffic Act 도로교통법 _313

Roof 지붕 _20

Safety Control of Elevator Facilities Act 승강기시설 안전관리법 _313

Safety Gear 안전 기어 _204

Safety Glasses/Goggles 보안경 _152

Safety Inspection Fee 안전 검사 수수료 _136

Sale Cost 중개수수료 등 매각 비용 _292

Sales and Leaseback 매각 후 임차 방식 _291

Sand Filter 모래 여과기 _173

Sandwich Lease 샌드위치 리스, 전대차 _71

Sanitation Services 위생관리 서비스 _248

Security Check 보안 검사 _237

Security Deposit 보증금 _63

Security Guards 보안 요원 _240

Security Management System 보안 관리 시스템 _234

Security Operation Manual 보안 운영 메뉴얼 _235

Security Policies 보안 정책 _240

Seismic Design Standard 내진 설계 기준 _147

Senior Debt 선순위 부채 _282

Sensitivity Analysis 민감도 분석 _279

Septic Tank Chemical 정화조 약품 _186

Septic Tank Cleaning 정화조청소 _137, 186

Serious Damage 심각한 파손 _22

Service Contract 서비스 계약 _135

Sewerage Act 하수도법 _312

Shading 그늘 _258

Shadow Space 임대가 불가능한 공실 _48

Shoe Shine Service 구두 광택 서비스 _132

Shut-off Switch 차단 스위치 _191

Sidewalk 보도, 인도 _146, 261

Side-wall Diffusers 측면벽 타입 디퓨저 _96

Sign 명판 및 싸인 _244

Site Analysis 부지 분석 _279

Site Inspections 현장 점검 _92

Slab Leaks or Cracks 슬라브 누수와 갈라짐 _40

Slab-to-slab 슬라브에서 슬라브까지의 높이 _94

Sludge 슬러지(침전물) _168

Smoke Barriers 제연 경계벽 _227

Smoke Control Damper 제연 댐퍼 _224

Smoke Spread 연기 확산 _225

Smoke Ventilation System 배연 설비 _214

Smoke Ventilation Window 배연창 _215

Smoldering Cigarette Butt 꺼지지 않은 담뱃불 _230

Soft Cost 직접 건축비용 이외의 비용, 무형 비용 _281

Space Planning 공간 계획 _90

Special Act on the Safety Control of Public Structures 시설물의 안전관리에 관한 특별법 _313

Special or Supplemental Cleaning 특별 및 추가 청소 _249

Specific Use Area 용도지역 _308

Specification 사양서, 설계 명세서, 시방서 _27

Stack Effect 굴뚝 효과 _224

Stacking Plan 층별 임대현황 _76, 100

Stair Pressurization System 계단 가압 시스템 _225

Stairway 계단 _145

Stairwell Familiarization Drills 비상계단 탈출 훈련 _222

Stairwells 계단 _220

Standard Lease Agreement 표준임대차계약서 _66

Standard Trash Bags 종량제 봉투 _247

Step-up Lease 스텝업 리스, 임대료 인상이 정해진 임대 _58

Storage 창고 _54

Storm Water Tank 우수조 _170

Straight-line Rent 스트레이트 라인 렌트, 무상임대 및 인상률을 계산한 임대료 (총임대수입/기간) _59

Straight-line 정액방식의 _301

Strainer 스트레이너(여과기) _168

Strata Building Act 집합건물법 _312

Structural Changes 구조적 변경 _25

Structural Failure or Collapse 구조적인 부실이나 붕괴 _41

Structural Inspection 구조검토 _149

Structure 구조, 구성 _18

Sublease Agreement 전대차계약 _68

Sublease 전대차 계약 _59

Sublet 전대하다, 전대차 _65

Subrogation 대위, 대위변제 _126

Sump Pump 오수 펌프 _186

Supplemental AC 추가 에어컨 _166

Supplemental Agreement 추가 계약 _72

Supply Air 급기 _177

Surface Rights 지상권 _102

Surrender 해약, 해지 _114

Tangible Property 유체 자산 _301

Tax Exemption 면세 _304

Tax Identification Number 납세자 번호, 사업자등록증 번호 _295

Tax Invoice 세금계산서 _295

Tax Rate 세율 _304

Taxi Passenger Waiting 택시 승강장 _262

Telecom 통신시설 _46

Temporary Gauging Devices 임시측정기구 _27

Tenant Allowance, Tenant Improvements 인테리어 공사 보조금 _54

Tenant Construction Application 임차인 공사 신청서 _95

Tenant Contact List 입주사 연락망 _98

Tenant Default 임차인 채무불이행 _107

Tenant Handbook 입주사 안내 책자 _99

Tenant Improvement 임차인 공사비용 보전 _52

Tenant Mix 임차인 구성 _77

Tenant move-in 임차인 입주 _33

Tenant Relations 임차인 관계 _98

Tenant Relationship 임차인 관계 관리 _100

Tenant Representative(tenant rep) 임차대행인 _61

Tenant Retention Program 입주사 유지 프로그램 _35

Tenant Satisfaction 입주사 만족 _99

Tenant Screening and Selection 입주사 선정 _32

Tenant Selection 임차인 선정 _77

Tenant Sub-metering 임차인 계량기 _196

Tenant Survey 입주사 만족도 조사 _99

Tenant Visitation Program 임차인 방문 프로그램 _98

Termination of Lease 중도해지 _69

Terms and Conditions 임대기간 및 조건 _51

The Person Designated to Act in His or Her Stead 대리할 수 있는 권한을 가진 사람 _235

Thermal Energy 열에너지 _129

Thermal Storage Tank 축열조 _182

Time Value of Money (TVM) 돈의 시간가치 _288

Toilet Aroma 화장실 방향제 _255

Toilet Paper and Paper Towels 화장지 및 종이 타월 _254

Toilet Seat 좌변기 _255

Topographical Map 지형도 _309

Touch-ups 손보기 _151

Traction Machine 권상기 _203

Traffic and Parking Signs 교통 및 주차 표지판 _263

Traffic Congestion Charge 교통유발 부담금 _304

Traffic Convenience 교통 편의성 _83

Traffic Flow 교통 흐름 _264

Traffic Signal 신호등 _261

Traffic, Energy and Environment Tax Act 교통 · 에너지 · 환경세법 _313

Transformer 변압기 _188

Transmission of An Alarm 알람 송출 _222

Trap 트랩 (악취역류방지) _183

Trapped Passenger 엘리베이터 안에 갇힌 승객 _206

Tree and Vegetation 나무와 식재 _257

Triple Net Lease 트리플 넷 리스, 임차인이 세금, 관리비, 재산세 등을 모두 부담 _56

Trophy Building 트로피 빌딩 _283

Trophy-quality Asset 최고의 자산 _274

Troubleshooting 고장해결 _207

Trust Act 신탁법 _312

Tuck-pointing 줄눈 _154

Turbo Chiller 터보 냉동기 _168

Under Construction 공사중 _152

Undercut 문의 바닥을 자르는 것 _158

Underwater Pump 수중 펌프 _185

Uninterrupted Power Supply 정전없는 전원 공급, UPS 장비 _189

Unlawful Detainer Action 불법점유고소장 _34

Unreserved and Non-Exclusive Basis 예약되지 않고 비독점적 방식 _260

Urban Development Act 도시개발법 _312

Urinal Basin 소변기 _255

Usable Area 전용면적 _78, 87

Usage Change 용도변경 _85

Usage of Space 사용 용도 _85

USRT 미국 냉동톤 _160

Vacancy and Collection Allowance 공실 및 미수금 비용 _119

Vacancy Loss 공실 손해 _121

Vacancy Rate 공실률 _79

Vacancy 공실 _74

Valuation 가치평가 _270

Value Added Tax 부가가치세 _303

Variable Expenses 변동 비용 (임대율에 따라 변하는 비용 수도료 등) _122

Variable Volume Plenum Return 변풍량 강제환기 시스템 _165

Variance 편차, 차이 _271

VAV (Variable Air Volume) 변풍량방식 _162

Vehicle Passes 차량 출입증 _263

Vehicular Traffic Flow 교통 흐름 _262

Vehicular Traffic 차량 통행 _260

Ventilation Shaft 환기구, 환기 샤프트 _226

Ventilation Systems 환기 시스템 _225

Vertical Air Movement 수직 공기 이동 _226

Vertical Transportation 수직 이동 교통수단 _203

Video Surveillance 비디오 감시 _240

Visitor Procedure 방문 절차 _243

Visitor's Badge 방문객 출입증 _242

Voice Alarm 음성 알람 _231

Wall Finish 벽체 마감 _88

Warning Signs 경고 문구 _241

Warranty Period 하자보증기간 _23

Warranty 보증기간 _39

Wash Basin 세면기 _255

Waste Bin 쓰레기통 _249

Waste Removal Services 쓰레기처리서비스 _248

Water Conservation 용수 보존 _184

Water Fountains 분수 _258

Water Freezing 결빙 _252

Water Leak Detection System 누수 감지 시스템
        _92

Water Leak 누수 _124

Water Penetration 누수, 방수 깨짐 _150

Water Quality Test 수질 검사 _171

Water Supply and Waterworks Installation Act
        수도법 _312

Water Tank 물탱크 _170

Water Treatment 정수 처리 _129

Weather Forecast 일기 예보 _253

Welcome Gift 입주 선물 _98

Wet Columns 배관이 통과하는 기둥 (물, 용수 등의
        배관) _164

Wheelchair 휠체어 _239

Window Cleaning 외벽 청소 _249

Window Film 윈도우 필름 (유리 필름) _250

Window Shade 창문 블라인드 _96

Without Permission of the Site Manager 현장
        담당자의 승인 없이 _235

Work Order Requests 작업 지시 요청 _135

Work Order 작업 지시서 _139

Work Shoe/Boot 안전화 _152

Worn-looking 낡아 보이는 _208

Written Consent 서면동의 _71

X-Ray Screening System X-Ray 검사 _238

YBD (Yeoido Business District) 여의도 지역 _82

Year-built 공급 연도, 준공 연도 _22

Year-built 준공연도 _45

Yearly Progress Report 연간 경과보고서 _122

Zoning 지역, 구역 _85

국문색인

24 시간/일주일 보안 24/7 Security _240

DVMS 시스템(CCTV) Digital Video Management System _214

E/L, E/S 유지관리 Elevator and Escalator Maintenance _201

X-Ray 검사 X-Ray Screening System _238

가구, 집기, 비품 Furniture, Fixture & Equipment (FF&E) _282

가망임차인 Prospective Tenant _75

가버너, 과속조속장치 Overspeed Governor _203

가스설비검사 Gas Facilities Inspection _136

가압류 Provisional Seizure _113

가치평가 Valuation _270

간접비 Corporate Overhead Cost _120

간주부가세 Deemed VAT _303

갈라짐과 깨짐 Crack and Crumble _154

감가상각과 상각 Depreciation & Amortization _120

감정평가 Appraisal _271

감정평가사 Certified Public Appraiser _313

감평 Reduction _64

강남지역 KBD (Kangnam Business District) _82

개발자투자금 Developer Equity _282

개발제한구역의 지정 및 관리에 관한 특별조치법 Act on Special Measures for Designation and Management of Development Restriction Zones _311

개선하다, 법적구제, 해결책 Remedy _58

개인보호장비 Personal Protection Equipment _151

개정, 변경 Amendment _72

건물개요 Building Facts _46

건물에너지 효율화 프로젝트 Building Retrofit Project _195

건물외피 Building Envelope _148

건물의 인상 Curb Appeal _278

건물의 준공 Completion _28

건물장점소개 Property Highlights _46

건설자금대출 Construction Loan _280

건설자금대출비율 Loan-to-Cost (LTC) _280

건축물대장 Building Register _307

건축물안전진단 Building Safety Inspection _138

건축물의 분양에 관한 법률 Act on Sale of Building Units _312

건축밀도 Building Density _306

건축법 Building Act _312

건축비용 Hard Cost _281

건축사 Certified Architect _313

건축허가 Building Permission _308

건축허가 Building Permit _283

건폐율 Building Coverage Ratio _307

검증된 경험을 가진 Proven Track Record _35

검침서비스 Metering Services _210

견적 Quotation _134

견적서, 견적을 내다 Estimate _135

견적평가 Bid Evaluation _141

결빙 Water Freezing _252

결합재무제표 Combined Financial Statements _299

경계벽 Demising Walls _89

경고문구 Warning Signs _241

경유 Diesel Oil _199

경쟁력 있는 가격과 최고 효율 Competitive Pricing and Highest Performance _140

경쟁빌딩 Competitive Building _75

계단 Stairway _145

계단 Stairwells _220

계단가압시스템 Stair Pressurization System _225

계약관리 Contract Management _34

계약금 Down Payment _293

계약금 Earnest Money _285

계약기간 Lease Term _67

계약연장 Extension _60

계약의 양도 Assignment of Lease _60

계약임대료 Contract Rent _52

계약종료 Lease Termination _67
고성능커튼월 High-performance Curtain Wall _131
고장수리 Corrective Maintenance _140
고장해결 Troubleshooting _207
고층부(25층 이상) High-rise _22
곤도라유지관리 Gondola Maintenance _202
골목 Alley _265
공간계획 Space Planning _90
공개공지 Public Open Spaces _257
공개입찰 Open Bid _134
공공미술 Public Arts _257
공급된 (빌딩) Delivered _28
공급연도, 준공연도 Year-built _22, 45
공기교환기 Air Exchanger _179
공기밀도차이 Air Density Differences _226
공기여과기 Air Filter _179
공기조화시스템 Air Conditioning System _162
공기조화시스템 HVAC System (Heating, Ventilation, and Air Conditioning) _163
공기호흡기 Air Respirator _216
공동소유권 Joint Tenancy _104
공동중계수수료 Co-brokerage Commission _76
공사중 Under Construction _152
공시지가 Officially Announced Land Price _310
공실 Vacancy _74
공실 및 미수금비용 Vacancy and Collection Allowance _119
공실률 Vacancy Rate _79
공실손해 Vacancy Loss _121
공용공간 Public Area _147
공용구역관리비 Common Area Maintenance _47
공용면적 Common Area _88, 147
공인중개사 Licensed real estate Agent _313
공인회계사 Certified Public Accountants _313
공조기 AHU (Air Handling Unit) _162
공조기 및 설비유지보수 HVAC & MECH SVC

Contract Service _135
공조기필터 AHU Filter _160
과세평가액 Assessed Value _304
관계회사, 자회사 Affiliate _66
관리계획 Management Plan _36
관리비 Common Area Maintenance (CAM) _109
관리비 Maintenance Fee _44
광고와 대중 매체 Advertising/Public Relations _245
광대역통신서비스 Broadband Services _210
광량(초하나의 광량) Foot-candle Level _192
광전송망 Fiber-optic Backbone _191
교체 Replacement _20
교통 및 주차표지판 Traffic and Parking Signs _263
교통 · 에너지 · 환경세법 Traffic, Energy and Environment Tax Act _313
교통유발부담금 Traffic Congestion Charge _304
교통편의성 Traffic Convenience _83
교통흐름 Traffic Flow _264
교통흐름 Vehicular Traffic Flow _262
구경꾼, 행인 Bystander _238
구두광택서비스 Shoe Shine Service _132
구매지시서 Purchase Order (PO) _139
구분소유 Pro Rata Share _85
구조, 구성 Structure _18
구조검토 Structural Inspection _149
구조적변경 Structural Changes _25
구조적인 부실이나 붕괴 Structural Failure or Collapse _41
국민건강증진법 National Health Promotion Act _313
국세 National Tax _305
국세기본법 Framework Act on National Taxes _312
국세징수법 National Tax Collection Act _312
국제재무분석사 CFA : Chartered Financial Analyst _313
국토기본법 Framework Act on the National Land _311

국토의 계획 및 이용에 관한 법률 National Land Planning and Utilization Act _311

굴뚝효과 Stack Effect _224

권리관계를 조사하다 Conduct A Title Search _307

권상기 Traction Machine _203

권한이 부여된 사람 Authorized Persons _241

균열, 벌어진 틈, 깨진 틈 Crack _19

그늘 Shading _258

그로스 리스, 모든 비용과 세금까지 임대인이 부담 Gross Lease _55

그린빌딩인증 Green Building Certificate _129

근거리동종업종금지 Radius Clause _70

근린분석 Neighborhood Analysis _273

근린생활시설 Neighborhood Facilities _84

급기 Supply Air _177

급수펌프 Feed Water Pump _176

기계설비자재 Miscellaneous HVAC Repair Supplies _162

기계실 Machine Room _205

기계오작동 Mechanical Failure _30

기계전기배관컨설턴트 MEP Consultant (Mechanical, Electrical, Plumbing) _164

기기들은 좋은 상태로 관리하다 Keep Equipment in Good Shape _211

기능테스트 Functional Testing _29

기둥 없는 바닥구조 Column-free Floor Plates _49

기둥간격 Column Spacing _94

기본임대료 Base Rate _78

기타냉난방시설보수 Repair of Other HVAC Facilities _161

기타청소소모품 Miscellaneous Cleaning Supplies _247

기회비용 Opportunity Cost _275

기획도면 Preliminary Drawing _90

긴급조달, 긴급구매 Emergency Procurement _140

길안내 Directions _44

꺼지지 않은 담뱃불 Smoldering Cigarette Butt _230

꺼진 비상구등 Burned Out Exit Lights _231

나무와 식재 Tree and Vegetation _257

낙상사고 Fall Accident _124

낡아 보이는 Worn-looking _208

낡은, 구식의 Dated _207

납세자번호, 사업자등록증번호 Tax Identification Number _295

내부수익율 Internal Rate of Return (IRR) _287

내진설계기준 Seismic Design Standard _147

내화구조칸막이 Fire Rated Partition _213

냄새관리 Odor Control _186

냉각수 Cooling Water _173

냉각수약품 Cooling Tower Chemicals _174

냉각제, 냉매 Refrigerant _27

냉각탑 Cooling Tower _173

냉각탑수질관리 Cooling Tower Water Treatment _137

냉난방공조관련소모품비 HVAC Spares and Consumables _161

냉동기세관 Chiller Tube Cleaning _137, 169

냉방용량 Cooling Capacity _163

냉수 Chilled Water _172

넷리스, 임차인이 운영비용을 부담하는 임대 Net Lease _55

노외주차 Off-street Parking _264

노후화, 구식화 Obsolescence _21

노후화된 시설 Outdated Facilities _23

누수 Water Leak _124

누수, 방수깨짐 Water Penetration _150

누수감지시스템 Water Leak Detection System _92

누전 Electrical Short _230

다시 채우다, 보충하다 Replenish _106

단열 및 방음 Insulation _93

담보 Collateral _65

담보권, 권리 Lien _126

담보대출비율 Loan-to-Value (LTV) _281

대리석광택 Marble Polishing _153

대리인으로 일하다 Act as a Liaison _37

대리할 수 있는 권한을 가진 사람 The Person Designated to Act in His or Her Stead _235

대위, 대위변제 Subrogation _126

대주, 빌려주는 사람 Lender _276

대지면적, 매입면적 Lot Size _24

대지취득비용 Land Acquisition Costs _281

대차대조표 Balance Sheet _295

대출만기, 지급기일 Maturity _293

대출약정 Loan Commitment _293

대출조기상환수수료 Loan Prepayment Penalty _284

대피 후 모이는 장소 Employee Meeting Place _233

대피처 Refuge Areas _233

대형 임차인, 핵심 임차인 Anchor Tenant _78

더블넷 리스, 임차인이 세금과 빌딩 보험을 부담하는 임대 Double Net Lease _55

덕트청소 Duct Cleaning _250

덕트환기시스템 Duct Return System _178

데모 Demonstration _238

도로 Driveway _146

도로교통법 Road Traffic Act _313

도로노면표시 Pavement Marking _261

도로명주소법 Road Name Address Act _313

도로부분보수 Patching and Resurfacing _155

도로점용료 Road Occupancy Charge _303

도로포장 Paving _154

도색업자 Painting Contractors _150

도시 및 주거환경정비법 Act on the Maintenance and Improvement of Urban Areas and Dwelling Conditions for Residents _312

도시개발법 Urban Development Act _312

도심지역 CBD (Central Business District) _81

도어매트 Doormat _252

돈의 시간가치 Time Value of Money (TVM) _288

등기소 Registry Office _104

등기수수료 Deed Recording Fee _104

등기우편 Registered Mail _110

등록세 Registration Tax _303

렌트롤, 임대계약 및 임차료 현황 Rent-roll _99

리츠 Real Estate Investment Trust (REIT) _313

마감재 Finishing Materials _23

마스크(연기, 먼지 차단을 위한) Respirator _152

만기해지 Lease Expiration _69

많은 사람의 이동 Heavy People Flow _206

매각 후 임차방식 Sales and Leaseback _291

매각차익 Capital Gain _287

매매계약서 Purchase Agreement _277

매수자시장 Buyer's Market _284

메인로프 Main Rope _204

메일함 및 택배서비스 Mailbox & Courier _133

메자닌 금융(성과 공유형 대출) Mezzanine Financing _282

면세 Tax Exemption _304

면허세 License Tax _303

면허와 허가서 Licensing and Permits _25

명도소송 Eviction Suit _113

명도통지 Eviction Notice _113

명목임대료 Face Rent _52

명판 및 싸인 Sign _244

모든 계정을 결산하다 Reconcile All Accounts _296

모래여과기 Sand Filter _173

모회사보증 Parent Company Guarantee _103

목적층예약엘리베이터 Destination Dispatch Elevator _203

목제품 Millwork _95

무상임대기간 Free Rent _51

무상임대기간 Rent Concession _57

무상임대기간 Rent-free Period _53

무상주차공간 Complimentary Parking Spaces _267

무인정산기 Automated Payment Machine _267

문의 바닥을 자르는 것 Undercut _158

물가인상률 Inflation Rate _110

물리적 내용연수 Physical Life _301

물리적 자산실사 Physical Due Diligence _23

물탱크 Water Tank _170
물탱크, 물통 Cistern _171
미국냉동톤 USRT _160
미국친환경빌딩인증 Leadership in Energy &
  Environmental Design (LEED) _128
미래가치 Future Value _288
미수금 Account Receivable _297
미지급금 Account Payable _296
미화, 청소 Cleaning _246
민감도분석 Sensitivity Analysis _279
민법 Civil Act _311
바닥마감 Floor Finishes _158
바닥면적 Floor Plate _45
바닥타입공조기 Floor-mounted Air Handler _165
반사안전조끼 Reflective Safety Vest _151
발생기준회계 Accrual Basis Accounting _298
발신기 Fire Alarm Station _215
발열량 Heat Rejection Rate _195
발전기 Generator _187
발전기 Genset _198
발전기보수 Repair of Generator _199
발효일, 유효기일 Effective Date _72
방문객입출입서류 Check-in/Check-out Book
  _243
방문객출입증 Visitor's Badge _242
방문절차 Visitor Procedure _243
방역 Pest Control _250
방염처리 Fire Retardant [re-tar-dent] _95
방재 및 안전장비 Fire Prevention and Safety
  Equipment _217
방재도구 및 시스템 Fire Protection Equipment &
  Systems _217
방재시스템 Fire & Life Safety Systems _216
방화 Arson _230
방화관리자 Fire Warden _220
방화댐퍼 Fire Damper _227
방화문 Fire Door _214
방화칸막이 Firestop _213

배관 Plumbing _183
배관, 덕트 Ductwork _165
배관시스템 Plumbing System _164
배관이 통과하는 기둥(물, 용수 등의 배관) Wet
  Columns _164
배기 Exhaust Air _178
배수 Drainage _172
배연설비 Smoke Ventilation System _214
배연창 Smoke Ventilation Window _215
배전반 Distribution Panel _188
배터리보조전원 Battery Backup _193
버려진 부지, 재개발부지 Brownfield _279
버스승강장 Bus Passenger Waiting _262
법률검토수수료 Legal Fee _113
법인등기부등본 A Corporate Registration
  Certificate _307
법인세법 Corporate Tax Act _312
법적요건 Code Requirement _223
벽체마감 Wall Finish _88
변기, 화장실 Lavatory _254
변동비용(임대율에 따라 변하는 비용 수도료 등)
  Variable Expenses _122
변압기 Transformer _188
변풍량강제환기시스템 Variable Volume Plenum
  Return _165
변풍량방식 VAV (Variable Air Volume) _162
변호사 Attorney _112
보도, 인도 Sidewalk _146, 261
보수, 수리, 수선 Repair _19
보수공사 Renovation _19
보안 요원이 배치되어 있다 Manned By Security
  Personnel _241
보안검사 Security Check _237
보안경 Safety Glasses/Goggles _152
보안관리시스템 Security Management System
  _234
보안요원 Security Guards _240
보안운영메뉴얼 Security Operation Manual _235

보안정책 Security Policies _240
보양재 Protective Board _206
보일러 배관 방청제 Boiler Water Treatment
      Chemical _169
보일러성능검사 Performance Inspection for Boiler
      _136
보일러세관 Boiler Tube Cleaning _169
보일러연관보수 Boiler Tube Repair _176
보장한도 Insurance Coverage _127
보증, 보증인 Guaranty _61
보증금 Deposit _43
보증금 Security Deposit _63
보증금반환 Deposit Refund _116
보증기간 Warranty _39
보증서 Letter of Credit _103
보증인 Guarantor _101
보행이 어려운 사람 Non-ambulatory Persons _232
보험증서 Certificate of Insurance _126
복도 Corridor _145
복리 Compound Interest _288
복합개발 Mixed Use Development _292
부가가치세 Value Added Tax _303
부동산, 건물 Premises _65
부동산가격공시 및 감정평가에 관한 법률 및
      감정평가에 관한 규칙 Public Notice of
      Values and Appraisal of Real Estate
      Act _311
부동산개발업의 관리 및 육성에 관한 법률
      Management and Support of Real
      Estate Development Business Act _311
부동산개발전문인력 Certified Real Estate
      Development manager _313
부동산등기법 Registration of Real Estate Act _312
부동산등기부등본 Register of Real Estate _308
부동산매입의향서 Letter of Intent _276
부동산자산관리사 CPM : Certified Property
      Manager _313
부동산자산운용전문인력 Certified Real Estate

Investment Manager _313
부동산중개인 Realtors and Leasing Agents _32
부동산투자분석전문가 CCIM : Certified
      Commercial Investment Member _313
부동산투자회사법 Real Estate Investment
      Company Act _312
부동산펀드 Real Estate Fund _313
부동액 Antifreeze Liquid _160
부스덕트 Bus Duct _189
부스터펌프 Booster Pump _160
부실채권 Non-performing Loan _289
부자산 Distressed Property _285
부적절한 방화벽처리 Inadequate Firewall
      Protection _42
부적절한 자재 Improper Materials _41
부적절한 조경과 관수 Improper Landscaping and
      Irrigation _40
부지분석 Site Analysis _279
부채감당율 Debt Service Coverage Ratio _286
분말소화기 Dry Chemical Fire Extinguishers _233
분수 Water Fountains _258
분실 또는 도난된 출입카드 Lost or Stolen ID Cards
      _241
분전반 Panel Board _189
분할임대층 Multi-tenant Floor _47
불가항력 Force Majeure _127
불법의 Illegal _71
불법점유고소장 Unlawful Detainer Action _34
불충분한 단열 Insufficient Insulation _41
불충한 방음 Poor Sound Protection _42
브라인펌프 Brine Pump _173
브릿지론 Bridge Loan _279
비디오감시 Video Surveillance _240
비밀유지협약 Confidential Agreement _277
비상계단탈출훈련 Stairwell Familiarization Drills
      _222
비상대응계획 Emergency Response Plan _229
비상방송시스템 Public Address System _216

비상엘리베이터 Emergency Elevator _202
비상정지버튼 Emergency Stop Button _204
비상조명조도 Emergency Lighting level _218
비상탈출 Emergency Evacuation _222
비상탈출절차 Evacuation Procedure _232
비용 Expense _119
비용분담 협의한 임대 Modified Lease _55
비용편익분석 Cost-benefit Analysis _277
빌딩가치평가 Building Evaluations _272
빌딩관리사무실 Building Management Office _37
빌딩대출약정 Building Loan Agreement _277
빌딩대피계획 Building Escape Plan _232
빌딩방문 Building Visit _81
빌딩방문객정책 Building Visitor Policy _242
빌딩임차인명판 Building Directory _244
빌딩자동제어시스템 Building Automation System
        (BAS) _138, 181
빌딩접근성 Building Accessibility _81
빗물재활용 Recycled Stormwater _130
빗물홈통 Rain Gutters and Downspouts _22
빙축열시스템 Ice-storage System _181
사고보고양식 Incident Reporting Form _123
사양서, 설계명세서, 시방서 Specification _27
사업자등록증 Business License _68, 295
사용량이 적은 시기 Off-peak Usage _208
사용승인 Occupancy Permit _25
사용승인서 Certificate of Occupancy _28
사용용도 Usage of Space _85
사전서면승인 Prior Written Approval _240
사전조사 Background Check _32
사전통지 Prior Notice _110
사진촬영 Photo Shoots _239
상가건물임대차보호법 Commercial Building Lease
        Protection Act _312
상계하다, 상쇄하다 Offset _106
상위 30~40% 그룹 Class A Building _82
상주자산운영팀 On-site Property Management
        Team _37

샌드위치리스, 전대차 Sandwich Lease _71
서면계약 A Written Agreement With _73
서면동의 Written Consent _71
서명승인된 A Written Permit Issued By _236
서비스계약 Service Contract _135
석고판 Drywall _93
석면 제거 Asbestos Removal _129
선순위부채 Senior Debt _282
선정, 선정하다 Award _31
선착순제도 On a First-Come, First-Served Basis
        _263
설계변경 Change Order _30
성가신 소음 Bothersome Sound _157
세금계산서 Tax Invoice _295
세면기 Wash Basin _255
세율 Tax Rate _304
세차서비스 Car Washing Services _132
세후 현금 흐름 After-Tax Cash Flow _274
소규모 임차인 Ancillary Tenant _78
소방관 Firefighter _232
소방교육훈련 Fire Drill Training _220
소방시설설치유지 및 안전관리에 관한 법률
        Installation, Maintenance, and Safety
        Control of Fire-Fighting Systems Act
        _313
소방시설자재 Fire and Life Safety Materials _219
소방시스템 Fire Protection System _214
소변기 Urinal Basin _255
소비자물가지수 Consumer Price Index (CPI) _56
소유주, 소유권 Ownership _45
소유주의 목표와 목적 Owner's Goals and Objectives
        _36
소음 · 진동규제법 Noise and Vibration Control Act
        _313
소형 가전제품 Appliance _230
소화기 Fire Extinguishers _213
소화설비용펌프 Fire Hydrant Pump _216
소화전 Fire Hydrant _215

손보기 Touch-ups _151

손상 Damage _39

손상된 천정 Damaged Ceiling _147

손익분기점 Break-even Point _52, 111

수도꼭지 Faucet _255

수도법 Water Supply and Waterworks Installation Act _312

수동알람 Manual Pull Alarm _230

수리의 권고 Offer Recommendations on Repairs _31

수명이 다한 형광등 Burned Out Light Bulbs _188

수수료연동임대료 Percentage Rent _51

수익방식(소득접근법) Income Approach _271

수익율 Rate of Return _278

수입 Revenue _118

수중펌프 Underwater Pump _185

수직공기이동 Vertical Air Movement _226

수직이동교통수단 Vertical Transportation _203

수질검사 Water Quality Test _171

수탁자 Fiduciary _293

순운영수입 Net Operating Income (NOI) _120

순점유비용 Net Occupancy Cost (NOC) _53

순현재가치 Net present value (NPV) _287

순환펌프 Circulating Pump _176

스텝업리스, 임대료인상이 정해진 임대 Step-up Lease _58

스트레이너(여과기) Strainer _168

스트레잇트라인렌트, 무상임대 및 인상률을 계산한 임대료(총임대수입/기간) Straight-line Rent _59

스프링클러(살수장치) Fire Sprinkler _212

슬라브누수와 갈라짐 Slab Leaks or Cracks _40

슬라브에서 슬라브까지의 높이 Slab-to-slab _94

슬러지(침전물) Sludge _168

승강기시설안전관리법 Safety Control of Elevator Facilities Act _313

승객용엘리베이터 Passenger Elevator _202

시간 외 냉난방 HVAC Overtime Usage _196

시공관리 Construction Management _42

시공단계 Construction Phase _28

시공사 Builder _39

시공사하자보증 Builder's Warranty _40

시공전 Pre-construction _26

시공후 Post-construction _29

시설관리 Facility Management _36

시설물의 안전관리에 관한 특별법 Special Act on the Safety Control of Public Structures _313

시운전 Pre-commissioning _26

시장분석 Market Analysis _273

시장비교방식(시장접근법) Market Approach _272

신규임대 New Lease _66

신탁법 Trust Act _312

신호등 Traffic Signal _261

신호수 A Flag Person _261

실내공기질테스트 Indoor Air Quality Test _137, 179

실질임대료 Effective Rent _53

심각한 파손 Serious Damage _22

쓰레기처리 Garbage and Trash Disposal _247

쓰레기처리서비스 Waste Removal Services _248

쓰레기통 Waste Bin _249

안전검사수수료 Safety Inspection Fee _136

안전기어 Safety Gear _204

안전모 Hard Hat _151

안전화 Work Shoe/Boot _152

알람송출 Transmission of An Alarm _222

앵커 테넌트, 대형임차인 Anchor Tenant _47

양개문 Double-entry Door _157

양도, 인계 Handover _18

양도계약 Assignment Agreement _68

업무 외 시간관리비 Off-hour Charge _59

업무시간 Business Hours _72

업무시간 외 냉난방 Overtime HVAC _174

업무시설 Office Use _84

업체선정 Award of Bid _141

에너지 소비를 줄인 Less Energy Consumption _174
에너지감축 Energy Reduction _130
에너지관리계획 Energy Management Plan _195
에너지비용절감 Energy Cost Savings _209
에너지소비 Energy Consumption _195
에너지점검 Energy Audit _209
엘리베이터 LCD 스크린 Elevator LCD Screen _245
엘리베이터 내부 비상 버튼 Emergency Button
        Within the Cab _200
엘리베이터 안에 갇힌 승객 Trapped Passenger _206
엘리베이터 움직임으로 인해 생기는 압력차 Elevator
        Piston Effect _225
엘리베이터개선프로젝트 Elevator Modernization
        Project _209
엘리베이터고장 Elevator Malfunction _200
엘리베이터관리 Elevator Maintenance _138
엘리베이터자재 Elevator Spare Parts _201
엘리베이터제어시스템 Elevator Control System
        _201
엘리베이터홀 Elevator Bank _201
여벌의 열쇠 A Duplicate Key _157
여의도지역 YBD (Yeoido Business District) _82
연간경과보고서 Yearly Progress Report _122
연기확산 Smoke Spread _225
연료탱크 Oil Tank _198
연료펌프 Oil Pump _199
연장신청서 Renewal Application _262
연체 Delinquency _105
연체대금 Overdue Amount _107
연체료 Late Fee _107
연체료회수 Hunting Down Late Payments _34
연체임차인 Delinquent Tenant _108
연체통지 Late Notice _106
연평균유효임대료 Average Annual Effective Rent
        _57
열교환기 Heat Exchanger _175
열교환기세관 Heat Exchanger Cleaning _169
열병합장비 Cogeneration Equipment _199

열에너지 Thermal Energy _129
예방점검 Preventive Maintenance _24, 139
예방책 Precaution _229
예상, 예측 Forecast _121
예약되지 않고 비독점적 방식 Unreserved and
        Non-Exclusive Basis _260
오래된 엘리베이터 Aging Elevator _208
오수펌프 Sump Pump _186
오작동 Malfunction _218
오작동 및 에러 Malfunction or Error _30
오피스공급량 Inventory _79
완공 전 임대된 공간 Pre-leased Space _48
외국인토지법 Foreigner's Land Acquisition Act
        _312
외기 Outdoor Air _178
외벽 Exterior Wall _250
외벽청소 Window Cleaning _249
용도변경 Usage Change _85
용도지역 Specific Use Area _308
용수보존 Water Conservation _184
용적율 Floor Area Ratio (FAR) _306
우선매수권, 우선임대권 A Right of First Refusal
        _291
우선협상대상자 Preferred Bidder _291
우수조 Storm Water Tank _170
우편물실 Mailroom _245
운영 및 유지 메뉴얼 O&M Manual _138
운영비용 Operating Expenses _119
운영상변경 Operational Changes _25
운영적자 Operating Deficit _121
원가방식(비용접근법) Cost Approach _271
원격검침 Remote Metering System _190
원상복구의무 Restoration Obligation _116
월간뉴스레터 Monthly Newsletter _49
월정기주차 Monthly Parking _268
위생관리서비스 Sanitation Services _248
위임장 Power of Attorney _102
위치 Location _80

윈도우필름(유리필름) Window Film _250
유리로 마감된 빌딩 Glass-walled Buildings _148
유보금 Reserve Fund _122
유실물, 잃어버린 물건 Lost and Found _245
유예기간 Grace Period _60
유체자산 Tangible Property _301
유해폐기물 Hazardous Waste _130
윤활유 Lubricants _27
은행보증 Bank Guarantee _103
음성알람 Voice Alarm _231
응급처치제품 General First Aid Supplies _241
응축기 Condenser _167
이사 Move-in _93
이사보조금 Moving Allowance _57
이삿짐운반업자 Mover _91
이연유지보수, 이연수선 Deferred Maintenance
        _140
이자, 세금, 감가상각비 차감전 이익 EBITDA
        (Earnings Before Interest, Tax,
        Depreciation and Amortization) _300
이자비용 Interest Expense _119
이자수입 Interest Income _107
이중주차 Double Parking _265
이행보증보험 Performance Bond _92
인감증명서 A Certificate of Seal-impression _104
인도계획 Commissioning Plan _29
인명안전과 비상시 절차 Life Safety and Emergency
        Procedures _221
인상 Escalation _110
인접한 Adjacent _274
인증된 석면제거업체 Certified Asbestos Abatement
        Contractor _148
인테리어공사기간 Fit-out Period _54
인테리어공사보조금 Tenant Allowance, Tenant
        Improvements _54
일기예보 Weather Forecast _253
일반회계원칙 GAAP (Generally Accepted
        Accounting Principle) _301

일상관리 Custodial Maintenance _249
일상청소 Day-to-Day Cleaning _248
임대가 불가능한 공실 Shadow Space _48
임대가능면적 Leasable Area _87
임대가능면적 Rentable Area _77, 87
임대기간 Duration of Lease _100
임대기간 및 조건 Terms and Conditions _51
임대된 자산 또는 건물 Demised Premises _70
임대료 Rent _44, 109
임대료경감 Rent Abatement _76
임대료납부 Rent Payments _294
임대료인상 Rent Increases (Escalation) _56
임대면적 Lease Area _67
임대수수료 Brokerage Commission _54
임대안내문 Leasing Flyer _46
임대에이전트 Leasing agent _79
임대율예측 Occupancy Projection _274
임대인 Lessor _63
임대인, 건물주 Landlord _64
임대정보 Rent Roll _75
임대정보요약 Lease Abstract _76
임대제안 Lease Proposal _50
임대주택법 Rental Housing Act _312
임대차계약서초안 Lease Drafting _51
임대차재계약 Lease Renewal _57
임대활동보고서 Leasing Activity Report _79
임대흡수율 Absorption Rate _75
임시측정기구 Temporary Gauging Devices _27
임차권 Leasehold Rights _102
임차대행인 Tenant Representative(tenant rep) _61
임차인 Lessee _63
임차인계량기 Tenant Sub-metering _196
임차인공사비용보전 Tenant Improvement _52
임차인공사신청서 Tenant Construction
        Application _95
임차인관계 Tenant Relations _98
임차인관계관리 Tenant Relationship _100
임차인구성 Tenant Mix _77

임차인만족 Occupant Satisfaction _37
임차인방문프로그램 Tenant Visitation Program _98
임차인선정 Tenant Selection _77
임차인에게 부과되는 운영비용 Pass-throughs _111
임차인의 우선협상권 First Refusal _67
임차인입주 Tenant move-in _33
임차인채무불이행 Tenant Default _107
입구/출구 Ingress/Egress _145
입주 Move-in _97
입주사만족 Tenant Satisfaction _99
입주사만족도조사 Tenant Survey _99
입주사선정 Tenant Screening and Selection _32
입주사선정기준 Pre-defined Tenant Criteria _33
입주사안내책자 Tenant Handbook _99
입주사연락망 Tenant Contact List _98
입주사유지프로그램 Tenant Retention Program _35
입주선물 Welcome Gift _98
입주시현장점검 Move-in Inspection _33
자기부담금, 공제할 수 있는 Deductible _125
자기자본수익율 Equity Yield Rate _292
자동번호판인식 Automatic Number Plate Recognition _264
자동번호판인식시스템 License Plate Recognition System _259
자동제어유지관리계약 BAS Service Maintenance Contract _194
자동제어자재 및 장비 BAS Materials and Equipment _194
자물쇠업체 Locksmith _156
자본시장과 금융투자업에 관한 법률 Financial Investment Services and Capital Markets Act _311
자본적지출 CAPEX (Capital Expenditure) _20
자본적지출 Capital Expenditures (CAPEX) _120
자본적투자 Capital Improvement _122
자본환원율 Capitalization Rate _272

자산관리 Property Management _36
자산분석 Property Analysis _273
자산실사 Due Diligence _24
자산유동화에 관한법률 Asset-Backed Securitization Act _312
자산으로 평가된 지급이자 Capitalized Interest _283
자산점검 Property Inspection _35
자석식브레이크 Magnetic Brake _205
자연공실률 Natural Vacancy Rate _275
자연채광 Natural Light _191
자재가이드라인 Material Guidelines _96
작업지시서 Work Order _139
작업지시요청 Work Order Requests _135
잘못된 배수 Faulty Drainage _40
잘못된 전선 연결 Faulty Electrical Wiring _41
장부가 Book Value _300
장애우 Disabled _243
장애인안내견 Guide Dog _243
장애인조작스위치 Car Operating Panel For the Disabled _207
장애인주차구역 Designated Disabled Parking Spaces _265
장애인주차구역 Handicap Parking _260
재개발 Redevelop _275
재계약 Lease Renewal _67
재계약 Renewal _100
재계약권리 Option to Renew _69
재량권, 선택권 Discretionary Rights _58
재매수계약 Buy-Back Agreement _283
재산세 Property Taxes _302
재산종합보험 Property Insurance _92
재생에너지 Renewable Energy _130
재정지원 Financial Assistance _56
재조정 Recalibrated _211
재활용서비스 Recycling Services _248
저층, 저층부(보통 7층까지) Low-rise _21
적법한 주차장소 Legitimate Parking Space _264
전기검침 Electric Meter _211

전기실 Electrical Closets / Electrical Rooms _192
전기자재 Electrical Materials and Supplies _199
전대차계약 Sublease Agreement _59, 68
전대하다, 전대차 Sublet _65
전등개량공사 Lighting Retrofits _196
전등기구 Lighting Fixture _191
전력최대사용시간 Peak Usage Time _197
전세권 Chonsei Kwon _102
전용면적 Net Area _68
전용면적 Net Leasable Area _88
전용면적 Usable Area _78, 87
전용율 Efficiency Ratio _60
절연처리가 된 Insulated _166
점검 Inspection _93
점검공간(천정 등 기어서 점검하는 공간) Crawl Space
        _146
점검보고서 Inspection Report _139
접지 Grounding _193
정격풍량 Rated Flow Rate _178
정수처리 Water Treatment _129
정압기분해점검 Inspection of Static Pressure
        Controller _136
정액방식의 Straight-line _301
정전 Blackout _124
정전 없는 전원공급, UPS 장비 Uninterrupted Power
        Supply _189
정풍량방식 CAV (Constant Air Volume) _163
정화조약품 Septic Tank Chemical _186
정화조청소 Septic Tank Cleaning _137, 186
제공되는 혜택, 양보 Concession _44
제소 전 화해 Pre-trial Settlement _113
제안 임대가격 Asking Rental Rate _48
제안서요청 Request for Proposal _141
제어반, 조작반 Control Panel _189
제연경계벽 Smoke Barriers _227
제연댐퍼 Smoke Control Damper _224
제한최고속도 Maximum Speed Limit _263
조건부 임대차계약종료 Lease Buyout _53

조경 Landscape _256
조경사 Landscape Architect _257
조기임대차해지 Early Termination _116
조도 Illumination _86
조도 Light Level _192
조명기구 Light Fixtures _88
조명제어 Lighting Control System _190
조항 Provision _71
종량제봉투 Standard Trash Bags _247
종합부동산세법 Gross Real Estate Tax Act _312
좌변기 Toilet Seat _255
주기적인 점검 Periodic Check _207
주차가능공간비율 Parking Ratio _48
주차구역 Parking Area _260
주차수입 Parking Income _267
주차요금 Parking Rates _266
주차장법 Parking Lot Act _312
주차쿠폰 Parking Coupon _267
주차할인제도 Parking Validation Programs _266
주택법 Housing Act _312
준공 Completion of Construction _39
준공허가서 Building Completion Certificate _24
줄눈 Tuck-pointing _154
중간그룹 Class B Building _82
중개수수료 등 매각비용 Sale Cost _292
중도해지 Termination of Lease _69
중성세제 Neutral Detergent _251
중수 Grey Water _184
중압덕트 Medium Pressure Duct _164
중앙전력제어시스템 Central Power-Control
        System _190
중요시설물의 개보수, 구형 장치의 개조 Retrofit _20
중층, 중층부(7~25층 사이) Mid-rise _21
증발기 Evaporator _167
증평 Expansion _62
증평권리 Option to Expand _69
지구단위계획 District Unit Planning _309
지급, 납부 Payment _66

지급일정 Payment Schedule _73
지목 Land Category _309
지방세 Local Tax _305
지방세법 Local Tax Act _312
지번 Lot Number _309
지붕 Roof _20
지상권 Surface Rights _102
지역, 구역 Zoning _85
지역분석 Regional Analysis _273
지하교통 수단과의 연결 Connected to the
        Underground Transportation Network
        _49
지하수법 Groundwater Act _312
지형도 Topographical Map _309
직접건축비용 이외의 비용, 무형비용 Soft Cost _281
질권 Pledge Rights _103
집하장 Loading Dock _95
집합건물 소유 및 관리에 관한 법률 Act on the
        Ownership and Management of
        Condominiums _312
집합건물법 Strata Building Act _312
차감통지공문 Deduction Notice _108
차감하다, 공제하다 Deduct _106
차단기 Circuit Breaker _190
차단기분전반 Circuit Breaker Panel _193
차단스위치 Shut-off Switch _191
차량출입증 Vehicle Passes _263
차량통행 Vehicular Traffic _260
차입 Leverage _290
차지하다, 점유하다 Occupy _65
차환하다 Refinance _285
창고 Storage _54
창문블라인드 Window Shade _96
채광센서 Integrated Daylight Sensor _197
책임보험 Liability Insurance _127
책임임대차계약 Master Lease _291
천정내장형냉방유닛 Ceiling-concealed Indoor
        Unit _174

천정높이 Ceiling Height _89, 94
천정높이 Clear Height _94
천정리턴방식 Ceiling Return _178
천정타일 Ceiling Tile _89
천정타입공조기 Ceiling-hung Air Handler _165
천정형감지센서 Ceiling-mounted Occupancy
        Sensor _197
천정형디퓨저 Ceiling Air Diffusers _96
청력보호기 Hearing Protection _152
총계정원장 General Ledger _296
총연체대금 Delinquent Sum _108
총임대면적 Gross Area _87
총임대면적 Gross Leasable Area _47
최고 많이 사용하는 시기 Peak Demand Usage _208
최고의 자산 Trophy-quality Asset _274
최고최선의 이용 Highest and Best Use _70
최근임대사례 Recently Rented Comparables _32
최대상주인원 Maximum Occupancy Level _81
최대운영효율 Maximum Operating Efficiency _30
최유효조도 Optimal Light Level _192
최적기능 Optimal Function _29
최종 도면, 준공 도면 As-built Drawing _86
추가계약 Supplemental Agreement _72
추가관리비 Additional Charge _58
추가에어컨 Supplemental AC _166
축열조 Thermal Storage Tank _182
출입구 Entry Barriers _263
출입구바닥 Entrance Flooring _154
출입카드 Access Card _235
충격감속장치 Buffer _205
충돌 Conflict _72
취득비용과 세금 Origination Costs and Taxes _121
취득세 Acquisition Tax _302
측면벽타입디퓨저 Side-wall Diffusers _96
층방화관리자 Floor Warden _231
층별임대현황 Stacking Plan _76, 100
층하중 Floor Load Capacity _149
친환경빌딩 관련 노력을 홍보하다 Advertise Your

Green Efforts _131
카도어 Car Door _205
카펫청소 Carpet Cleaning _247
캐노피청소 Canopy Cleaning _249
캐피털콜 capital call _284
컨백터 Convector _159
코어에서 창까지 깊이 Core-to-window Depth _49
코킹(틈새매우기) Caulking _250
타당성조사 Feasibility Study _292
탈출 Egress _233
탈취기(악취제거유닛) Deodorizer Unit _185
택시승강장 Taxi Passenger Waiting _262
터보냉동기 Turbo Chiller _168
토지대장 Land Register _308
토지이용계획 Land Use Planning _275
토지임대차계약 Ground Lease _290
통신시설 Telecom _46
퇴거 Eviction _34
퇴거, 명도 Eviction _115
투시도 Rendering _149
투자예산 Capital Budget _272
투자자배당금 Equity Dividend _300
투자자산운용사 Certified Investment Manager
    _313
트랩(악취역류방지) Trap _183
트로피빌딩 Trophy Building _283
트리플 넷 리스, 임차인이 세금, 관리비, 재산세 등을
    모두 부담 Triple Net Lease _56
특별 및 추가 청소 Special or Supplemental Cleaning
    _249
파사드 Facade _148
파산 Bankruptcy _64
패키지에어컨보수 Repair of Packaged
    Air-Conditioners _161
팬코일유닛 FCU (Fan Coil Unit) _163
팽창탱크 Expansion Tank _175
퍼센테이지 렌트 초과 시점 Natural Breakpoint _70
펌프수리 Repair of Pumps _161

펜코일유닛 Fan Coil Unit (FCU) _176
편의시설 Amenities _45, 133, 144
편차, 차이 Variance _271
평면도 Floor Plan _88
표준임대차계약서 Standard Lease Agreement _66
풍도 Air Shaft _146
피난계단 Egress Stairs _220
필요한 즉시 기준 As-needed Basis _123
하수도법 Sewerage Act _312
하위 10~20% 그룹 Class C Building _83
하자, 결점, 부족, 결여 Defect _19, 38
하자리스트 Punch List _42
하자보증기간 Warranty Period _23
할인율 Discount Rate _287
해약, 해지 Surrender _114
해지 Cancellation _63
해지권리 Option to Cancel _70
해지조항 Cancellation Clause _73
향후증평 Future Expansion _77
허용된 차량 Permitted Vehicles _265
현금기준회계 Cash Basis Accounting _299
현금흐름 Cash Flow _299
현장담당자의 승인 없이 Without Permission of the
    Site Manager _235
현장점검 Site Inspections _92
현재가치 Present Value _288
형광등 Fluorescent Bulb _188
호이스트, 승강구 Hoistway _205
혼합된 Commingled _278
홀도어 Hall Door _204
화물용엘리베이터 Freight Elevator _202
화염감지기 Flame Detector _233
화장실 Restroom _145
화장실방향제 Toilet Aroma _255
화장지 및 종이타월 Toilet Paper and Paper Towels
    _254
화재감지 및 알람시스템 Fire Detection and Alarm
    System _217

화재감지기 Fire Alarm Sensor _213
화재감지시스템 Fire Detection Systems _217
화재공간가압 Pressurizing the Fire Area _226
화재발생시 In the Event of Fire _221
화재보험 Fire Insurance _126
화재설비점검 Fire Facilities Inspection _220
화재수신기 Fire Alarm Receiver _212
화재스위치 Fire Switch _206
화재안전 Fire Safety _229
화재알람도구 Fire Alarm Devices _221
화재예방 및 비상대응 Fire Prevention and
            Emergency Response _228
화재주요원인 Main Causes of Fire _229
확약서 Commitment Letter _284
환경개선부담금 Environmental Improvement
            Charges _304
환기 Return Air _177
환기구, 환기샤프트 Ventilation Shaft _226
환기시스템 Ventilation Systems _225
회계 및 재무보고서 Accounting and Financial
            Reporting _35
회계감사 Audit _299
회계계정 Chart of Account _296
회계연도 Fiscal Year _300
회사화재대피훈련 Company Fire Drill _229
회수기간 Payback Period _196
회전문 Revolving Door _156
휘발성유기화합물을 적게 포함한 자재
            Low-VOC-emitting Material _180
휠체어 Wheelchair _239
휴대용비상조명등 Portable Emergency Light _215
흔한 화재위험 Common Fire Hazards _228
흡수식냉동기 Absorption Chiller _168
흡수율 Absorption Rate _278

맺음말(Epilogue)

부동산 투자 및 자산관리 업무를 하면서 겪는 어려움 중에 하나는 다양한 분야의 지식들을 골고루 많이 알고 있어야 한다는 것입니다. 부동산을 기본으로 금융, 법률, 건축, 경제 등 변화하는 여러 분야의 용어들을 알고 있어야 원활하게 업무를 처리할 수 있습니다. 이와 동시에 현업에서 사용하는 용어들을 영어로 알고 있다면 여러분들이 부동산 업계에서 전문가로서 활동하는데 더욱 강력한 무기가 될 수 있습니다. 이 책이 부동산 투자 및 자산관리 분야로 입문을 하고 싶어 하는 분들이나 현업에서 일하는 분들에게 조금이나마 도움이 되었으면 하는 바람입니다.

무엇보다도 업무를 하면서 개인적 참고 용도로 생각하고 정리하던 자료를 소중한 책으로 만들어 주신 법률 출판사의 김용성 대표님께 감사의 말씀을 전하고 싶습니다. 독자가 원하는 책이 있다면 그것을 만들어야 하는 게 출판사의 소명이라는 말씀이 이 책을 끝까지 정리하는 데 큰 힘이 되었습니다.

그리고 책에 나온 모든 영어를 꼼꼼하게 검토해 캐나다 친구 Jacky에게 고마움을 전하고 싶습니다. 한 줄 한 줄 메모까지 해가면서 소중한 시간을 들여 검토를 해주지 않았다면 아마도 이 책이 출간되기는 어려웠을 것입니다. 게다가 아무런 대가 없이 누군가에게 도움을 주는데 보람을 느끼는 모습에 많을 걸 배우게 해준 Jacky에게 감사의 뜻을 전하고 싶습니다.

이 책을 영문 사전이라고 붙이기에는 다소 미흡한 점도 있을 수 있지만 여러분들이 관심을 가져주신다면 좀 더 좋은 책으로 거듭날 수 있을 것입니다. 부동산 투자 및 자산관리 분야에 계신 그리고 앞으로 업계로 진출하게 되실 많은 선배, 동료 및 후배 여러분들의 따뜻한 조언과 냉정한 충고를 통해 더욱 좋은 책이 되었으면 좋겠습니다. 책에 대한 좋은 의견이나 제안이 있으면 언제든지 말씀해 주시면 감사하겠습니다.

제가 쓴 책을 통해 독자 여러분들의 실무 능력이 한층 향상되고 부동산 영어에도 자신감을 갖는 계기가 되었으면 좋겠습니다. 이 책을 펼쳐든 독자라면 분명 자기계발과 발전에 대한 의지가 강한 분일 것입니다. 다른 사람들보다 더 노력하고 투자한 시간은 지나고 나면 반드시 개인의 성장과 발전이라는 결실로 돌아올 것입니다. 독자 여러분들의 성장과 발전을 위해 항상 응원하겠습니다.

마지막으로, 뒤에서 항상 응원해 주는 나의 아내 강현경과 소중한 아들 민시윤에게도 사랑한다는 말을 전하고 싶습니다.

2019년 2월
저자 민성식

저자소개

민 성 식

저자 민성식은 상업용 부동산 자산관리 전문가이다. 상업용 부동산의 대표적인 자산인 오피스 빌딩에 대한 투자 및 자산 관리 분야가 커지기 시작하던 2004년부터 주로 외국계 부동산 투자회사나 부동산 펀드가 투자한 대형 오피스 빌딩의 자산관리 업무를 도맡아 성공적으로 이끌어 왔다. 그는 부동산 사관학교라고 불렸던 ㈜ 샘스에서 부동산 업무를 시작하였고, 국내 최대 부동산 자산관리 회사인 메이트플러스를 거쳐 리치먼드 자산운용에서 경력을 쌓았다. 이후 서울의 대표적인 랜드마크인 서울국제금융센터 IFC SEOUL의 자산관리자로 근무했다. 이후 여의도 파크원 복합개발사업에도 참여를 하면서 부동산 자산관리자로 다양한 경험을 쌓았다. 현재 온라인 부동산 투자와 운영을 위한 플랫폼을 개발하는 ㈜ 리판에서 프롭테크 영역에 도전하고 있다.

그는 국내 상업용 부동산 투자 시장에 많은 외국계 투자 회사들이 참여하고 있는데 반해 관련 업무를 다루는 책이 많이 부족하다는 것을 느껴 이 책을 집필하게 되었다. 그동안 외국계 부동산 투자 회사들과 함께 일하면서 겪은 다양하고 생생한 경험을 바탕으로 부동산 실무에서 바로 사용할 수 있도록 부동산 영문 용어들을 실용 예문과 함께 정리하였다. 그동안 다른 책에서는 볼 수 없었던 국내 부동산 시장에서 사용되는 전문 용어와 외국 투자자들이 주로 사용하는 용어들을 부동산 자산관리의 전문적인 지식과 함께 전달하고자 한다.

저 서

부자의 계산법 (진서원)

나도 회사 다니는 동안 책 한 권 써볼까? (바틀비)

부동산 직업의 세계와 취업의 모든 것 (원더박스)

한국 부자들의 오피스 빌딩 투자법 (알에이치코리아)

주요 자격

부동산자산운용전문인력

부동산개발전문인력

미국친환경인증기술사(LEED AP BD+C)

투자자산운용사

재무위험관리사

이메일 parisboys@naver.com

홈페이지 www.minsungsik.com

블로그 https://blog.naver.com/parisboys

카페 https://cafe.naver.com/expertacademy

유튜브 (친절한 부동산 선배) https://www.youtube.com/c/parisboy

[개정3판]
실무에서 바로 쓰는
부동산 자산관리 영문 용어 사전

개정3판 인쇄   2023년 2월 10일

개정3판 발행   2023년 2월 20일

지 은 이   민 성 식

펴 낸 이   김 용 성

펴 낸 곳   법률출판사

주   소   서울시 동대문구 휘경로2길 3, 4층

전   화   02) 962-9154

팩   스   02) 962-9156

등   록   제1-1982호

I S B N   978-89-5821-418-2   13320

홈 페 이 지   www.lnbpress.com

이 메 일   lawnbook@hanmail.net